Die kleinen Bücher der Arche

ARCHE

Ursel Allenstein, geboren 1978, lebt als Übersetzerin aus den skandinavischen Sprachen in Hamburg. Zu den von ihr übersetzten Autoren zählen Kim Leine, Sara Stridsberg und das Autorenteam Michael Hjorth/Hans Rosenfeldt.

Ulrike Ostermeyer, geboren 1964, ist nach Stationen beim Deutschen Taschenbuch Verlag und den Ullstein Buchverlagen seit 2013 Verlagsleiterin des Arche Literatur Verlags in Hamburg.

Eine Welt von Schnee

Herausgegeben von Ursel Allenstein
und Ulrike Ostermeyer

ARCHE

»Every crystal was a masterpiece of design and no one design was ever repeated. When a snowflake melted, that design was forever lost. Just that much beauty was gone, without leaving any record behind.«

Diese Sätze notierte im Jahr 1922 der amerikanische Viehbauer Wilson A. Bentley, der sein Leben darauf verwandte, Schneekristalle unter dem Mikroskop zu fotografieren und so ihrer Vergänglichkeit entgegenzuwirken. Bis zuletzt war er von der Einzigartigkeit jedes dieser gefrorenen Kunstwerke fasziniert: *»No two are alike. Is there room for enthusiasm here?«*

Wir denken ja – und haben Autoren aus Deutschland und Nordeuropa gefragt: Was hat es mit unserer Faszination für die häufigste Form des festen Niederschlags auf sich? Was verbinden wir Menschen mit Schnee und wie prägt er unser Leben? Zwanzig Gedichte und Geschichten sind auf diese Weise entstanden, ergänzt wird diese Sammlung durch einige der schönsten Schneetexte der letzten Jahrzehnte.

Die literarischen Antworten auf unsere Fragen fallen dabei so unterschiedlich aus wie Bentleys Kristalle. Ein wiederkehrendes Thema ist jedoch die Vergänglichkeit des Schnees – als Parabel auf die Endlichkeit des Lebens, aber auch als konkrete Beschreibung des Klimawandels, der mit dem Schnee viele alte Traditionen und Berufe verschwinden lässt.

In einigen Texten weckt der Schnee Sehnsucht; nach der Kindheit, nach einer Heimat. Die Autoren führen uns ins winterliche Schlesien, ins lawinengefährdete Riesengebirge, in finnische Saunen, auf grönländische Gletscher, an isländische Fjorde und norwegische Flüsse; in ein eingeschneites Oslo, ein tauendes Kopenhagen und in die »Schneehochburg« Hamburg.

Und für all jene, denen der Schnee unterwegs zu viel werden sollte, geben die norwegischen Experten Bjørn Skomakerstuen und John Smits praktische Tipps, wie man ihn wieder beseitigen kann – egal, ob man eher ein »Schieber« oder ein »Schaufler« ist.

Die Herausgeberinnen

Inhalt

So durch die Bäume fällt,
so auf die Wiese fällt
jetzt eine Welt von Schnee
und macht die Welt zu Schnee.
So auf den Dächern liegt,
so in der Weite liegt
jetzt etwas Weiches, Lieb's,
jetzt tiefer, tiefer Schnee.

Robert Walser,

So durch die Bäume fällt

Stefan Moster

Gelbes Holzhaus bei Schneefall

Zuerst glaubt man, es wird nichts, es hat nur von irgendwoher ein paar Flusen in diesen Abend geweht, doch dann lässt der Wind nach, die Flusen werden zu Flocken, die Flocken vermehren sich, immer mehr davon sinken vom Himmel, die Abstände zwischen ihnen werden kleiner, und schon ist die Luft, der Abend, das ganze Universum erfüllt von weißem Flaum. Kinderschnee, denkt man, Schnee, der Kinder erstmals die Unendlichkeit ahnen lässt und sie verlockt, dem einzelnen Bestandteil mit herausgestreckter Zunge nachzujagen, als wäre das Unendliche nur zu ertragen, wenn eine Flocke davon spürbar im Mund zergeht.

Kinderschnee, dem nicht einmal meine Mutter widerstehen konnte, obwohl es schon spät war an jenem Abend. Wir warteten auf die Rückkehr meines Vaters von einer Dienstreise, waren ungeduldig, meine Schwester und ich, weil wir mit Mitbringseln rechneten und vielleicht auch ein wenig Sehnsucht hatten, immer wieder schauten wir aus dem Fenster, und dann fing es plötzlich an zu schneien. Innerhalb kürzester Zeit überdeckte eine weiße Schicht den Garten, und nichts hielt uns mehr. Wir wollten hinaus in den Schnee, toben und fröhlich sein, schneefröhlich, es zog uns so sehr hinaus, dass sich unsere Mutter anstecken ließ und wenig später mit uns durch den Garten rannte und Schneebälle zu werfen versuchte, die zur Hälfte am Wollhandschuh hängen blieben und zur Hälfte zerfielen, sobald sie die Wurfhand verließen.

Ein solcher Kinderschnee fällt heute Abend, und obwohl nichts leiser sein kann als fallender Schnee, bewegt sich am Haus gegenüber die Gardine. Wilma spürt, dass es schneit, und da sie es sieht, erwacht ihre Sorge, denn mit der Erfahrung von sechsundachtzig Wintern weiß sie, dass es bei so dicken Flocken nicht lange dauern wird, bis zehn Zentimeter Neuschnee liegen. Vor dem Schlafengehen muss man räumen, sonst wird man, falls es in der Nacht weiterschneit, am nächsten Morgen der weißen Masse nicht mehr Herr.

Wilma blickt auf, fasst mich im erleuchteten Fenster ins Auge und weicht im selben Moment zurück, als befürchtete sie, ich könnte ihren Blick für die Aufforderung halten, sofort nach Schieber und Schaufel zu greifen.

Es würde mir nicht einfallen, so zu denken, ich habe längst beschlossen, mich bald ans Werk zu machen, denn wir haben vereinbart, dass ich die Schneearbeiten auf dem Grundstück des gelben Holzhauses und auf der Straße davor verrichte. Als ihr Mann noch lebte, fing ich irgendwann damit an, weil ich sah, dass es den

Greis überforderte, den Weg von der Haustür zum Gartentor, zur Mülltonne und zum Briefkasten frei zu halten und einen Weg um das Haus herum zur Kellertür und quer durch den großen Garten zum Schuppen mit den Holzvorräten zu bahnen. Ich machte keine Ankündigung deswegen, sondern dehnte eines Tages die Räumarbeit einfach von unserer Seite der Straße auf das Grundstück gegenüber aus.

Anfangs beschimpfte mich Wilmas dementer Mann deswegen vom Küchenfenster aus, aber bald erkannte er, dass ich die Arbeit gut machte und gab sich zufrieden.

Alte Leute fürchten den Schnee, Kinder brauchen ihn. Sie sehnen sich danach, dass sich die Welt ein Mal im Jahr maskiert, ohne Sinn, wie zum Spaß.

Wenn es geschneit hatte, fürchteten wir nichts so sehr wie die Ankunft des städtischen Streufahrzeugs, und wenn es dann kam, versuchten wir es zu verjagen, indem wir Schneebälle auf das orange Blech warfen, und jedes Mal fingen wir an zu heulen, weil sich das Gefährt nicht von seinem Auftrag abbringen ließ, sondern unbeirrt Salz verstreute, um die Pracht zu zerstören. Wir heulten und stampften mit den Füßen auf, weil uns von Amts wegen der Spaß verdorben wurde.

Zum Trost schlugen die Eltern vor, am Sonntagnachmittag rodeln zu gehen. Dann fuhren wir mit dem Auto zu den besten Hängen im Taunus, und meine Mutter trug die Pelzjacke, die sie von ihrer Tante geerbt hatte und sonst nie benutzte. Wenn sie hinter mir auf dem Schlitten saß, stellte ich mir vor, ein großes, flauschiges Tier den Hang hinabzusteuern, und wenn ich übermütig wurde, legte ich es darauf an, über die höchsten Wellen der Piste zu fahren, um zu erleben, wie bei der harten Landung nach einem Sprung das Plüschtier vom Sozius rutschte und im Schnee landete. Der Schnee nämlich hatte die Kraft, das in meiner Mutter verborgene Kind zum Lachen zu bringen.

*

Es fällt schwer, sich Wilma ausgelassen vorzustellen. Man merkt ihr an, dass sie gelernt hat, sich zu zügeln. Letzten Frühling sah ich sie mehrere Tage nicht, so dass ich anfing mir Sorgen zu machen. Schließlich passte ich sie am Briefkasten ab und fragte sie, wie es ihr gehe. Nicht so gut, sagte sie. Vor drei Tagen ist mein Mann gestorben.

Sie hätte herüberkommen und klagen können, aber sie wollte niemandem ihren Kummer aufbürden. Fast wäre ich ihr böse gewesen deswegen, aber dann röteten sich ihre Augen, als sie schilderte, wie sie sich im Alleinsein einrichtete, das sie ihr Leben lang nicht kennengelernt hatte.

Ich brachte mein Beileid zum Ausdruck, hoffte aber insgeheim, dass sie sich bei aller Trauer auch erleichtert fühlte, denn die Pflege des unberechenbar gewordenen Mannes hatte fast alle ihre Kräfte aufgezehrt.

Inzwischen lässt sie sich nichts mehr anmerken, und wenn sie mit mir redet, entwischt ihr manchmal sogar eine humorvolle Bemerkung. Dann wechselt sie allerdings abrupt die Miene und gleich darauf das Thema.

Ihr Gesicht ist von sechsundachtzig Lebensjahren modelliert worden, doch wenn sie sich dazu hinreißen lässt, von früher zu erzählen, wird für Augenblicke das Mädchen sichtbar, das an finsteren Wintermorgen auf Skiern drei Kilometer durch den Wald zur Schule läuft und sich unterwegs vor Wölfen fürchtet. Kommt sie mit ihrer Geschichte zum Ende, dominiert im Gesichtsausdruck sogleich wieder die alte Frau, die sich angesichts der dicken Flocken grämt, weil sie zum Schneeschaufeln zu schwach ist und darum mit ansehen muss, wie ihr Nachbar auf ihrem Grundstück ins Schwitzen gerät.

Jugendliche beharren darauf, nicht mehr klein zu sein, aber vom Schnee lassen sie sich in die Kindheit zurückversetzen, ohne sich zu schämen. Wenn er hoch genug liegt und sich hält, wird er zu Jugendschnee und fordert die Tollkühnheit heraus.

Wir legten im Stadtwald mit einer Mühe, die jedem jugendlichen Faulheitsgebot widersprach, eine Rodelbahn an. Sie schlängelte sich zwischen den Bäumen hindurch wie eine olympische Strecke, nur ohne sichernde Bande. Anfangs fuhren wir einzeln hinunter und trainierten unsere Steuerkünste, aber bald hängten wir mehrere Schlitten aneinander, legten uns bäuchlings darauf und stießen uns mit einem Dutzend Hände ab.

Wenn wir nicht in einer der ersten Kurven kippten oder uns verkeilten, konnte das Tempo atemberaubend werden und von Angst durchsetzte Euphorie auslösen, die uns dazu provozierte, es immer wilder zu treiben. Nach Einbruch der Dunkelheit trugen wir nächtliche Einzelrennen aus und erfüllten den Wald mit hemmungslosen Stimmbruchschreien, bis einer gegen einen Baumstamm fuhr und so lange reglos auf dem Schlitten liegen blieb, dass es uns die Stimmen verschlug.

Ängstlich näherten wir uns der Unfallstelle. An mehreren Stellen war das Holz des Schlittens gebrochen. Der Freund schien benommen, stand aber auf. Ganz langsam erhob er sich, als befürchtete er auseinanderzufallen, wenn er sich zu schnell bewegte. Sobald er stand, blickte er an sich herunter und dreht sich langsam zu uns um.

Im Licht einer Taschenlampe sahen wir den riesigen Blutfleck, dessen Zentrum auf dem Reißverschluss der Cordhose lag. Alle hielten den Atem an, und ich rannte zur nächsten Telefonzelle, um einen Krankenwagen zu rufen.

Erst als die Sanitäter mit der Trage eintrafen, wagte sich das Unfallopfer, den Reißverschluss zu öffnen. Die Retter beugten sich über die Blutung, schalteten aber gleich wieder die Handleuchte aus. Ist nur die Vorhaut, sagte der eine, und dann nahmen sie den Blutenden in ihre Mitte und führten ihn zum Krankenwagen, damit die Beschneidung unter hygienischen Bedingungen vollendet werden konnte.

Wir blickten ihnen stumm nach. Der verschneite Wald blinkte im regelmäßigen Rhythmus blau auf.

Das Außenlicht geht an, langsam öffnet sich die Haustür und Wilma erscheint in ihrem alten knöchellangen Steppmantel auf der Treppe. Sie bückt sich, um mit dem Handbesen den Pulverschnee vor der Schwelle zu kehren. Anschließend arbeitet sie sich Stufe für Stufe die Eingangstreppe hinab, ohne auch nur einmal aufzublicken. Unten angelangt, muss sie sich aufrichten und verschnaufen, vermeidet es aber weiterhin, in meine Richtung zu schauen.

Ich muss mit ansehen, wie sie sich erneut bückt und Schritt für Schritt fegend dem Gartentor nähert. Sie wirbelt dünnen Schneestaub auf, während es unablässig dicke Flocken schneit. Sie erinnert mich an eine Japanerin beim rituellen Fegen des Waldes, das keinem anderen Zweck dient als der Aussöhnung mit der Sinnlosigkeit. Wilma sieht so gut wie ich, dass sie mit dem Handbesen nichts ausrichtet, trotzdem macht sie weiter. Es soll ein Zeichen sein. Sie fegt nicht vorwurfsvoll, sondern zeigt mir, dass sie mich in meiner Arbeit unterstützt, so gut sie kann.

Erwachsenenschnee macht Arbeit, und die kann man sich nicht einteilen. Wenn es schneit, muss man ran.

Am besten räumt man vor dem Gartentor, bevor der Schneepflug kommt, sonst wirft das Fahrzeug, das mit beängstigender Geschwindigkeit die Straße heranbraust, rücksichtlos einen Wall von einem halben Meter Höhe vor dem Eingang auf.

Es ist erstaunlich, wie sich die Konsistenz des Schnees verändert. Vom Räumfahrzeug in die Mangel genommen, verdichtet sich sogar Pulverschnee zu schweren Brocken. Und unter dem Einfluss von Nässe und Minusgraden kann er tückisch werden. Darum muss man rechtzeitig die Dächer von seiner Last befreien.

Eigentlich möchte man es nicht, weil die dicke Schneeschicht jedes Haus in das idyllische Winterbild eines Adventskalenders verwandelt, aber wenn die Dachlast in der Sonne antaut und sich wenig später durch den Frost verdichtet, übt sie ungeheuren Druck auf Blech und Gebälk aus. Irgendwann lässt es sich dann nicht mehr hinausschieben, auf das flache Dach unseres Hauses zu steigen, um viele Kubikmeter Schnee über die Traufe in den Garten zu befördern.

Das Dach von Wilmas gelbem Holzhaus ist so steil, dass der Schnee von alleine abrutscht. Auch sonst ist das Haus sinnig gebaut. Sein Grundriss entspricht einem Standardformat aus der Nachkriegszeit. Um den warmen Kern aus Ofen und Kamin herum drängen sich im Erdgeschoss Küche, Wohnzimmer und eine Schlafkammer sowie im ersten Stock zwei Schlafzimmer unter der Dachschräge. Es ist der Inbegriff der praktischen Bescheidenheit. Niemand baut mehr solche Häuser.

Kinderschnee und Jugendschnee fördern das Vergessen von Notwendigkeiten. Erwachsenenschnee verlangt, dass man sich Gedanken macht und zum Beispiel überlegt, wer das Räumen übernimmt, wenn einen im Alter die Kräfte verlassen.

Aber Erwachsenenschnee leuchtet auch samstags in der Wintersonne, wenn die Kinder es nicht erwarten können, sich auf dem Schlitten zum nächsten Rodelhang ziehen lassen. Dann legen die Eltern sich ins Zeug und nehmen die Anstrengung in Kauf, weil sie ihre Kinder ziehen und daran denken, wie sie von ihren Eltern durch den frischen Schnee gezogen wurden. Er leuchtet und leuchtet, er blendet so stark, dass man nicht immer weiß, ob man ihn sieht oder träumt oder aus der Ferne erinnert.

Ich schalte das Licht aus, um den Himmel besser zu sehen. Das ganze Universum ist erfüllt von Flocken. Bald wird man Ski laufen können, denn so zuverlässig, wie der rabiate Schneepflug durch die Straßen jagt, so gewissenhaft nimmt das Loipenfahrzeug in den Waldstücken rund um die Vororte der Stadt am Morgen nach dem ersten Schnee die Arbeit auf. Einzelne Skiläufer kommen ihm trotzdem zuvor und zeichnen schon nachts ihre Spur ins jungfräuliche Weiß.

Finnische Kinder lernen das Skilaufen spätestens in der Schule, und da ich nun sehe, wie Wilma sich am Gartentor aus der gebückten Haltung erhebt und mit einem Kopfnicken den Mann grüßt, der mit geschulterten Skiern an ihrem Haus vorbeimarschiert, denke ich, dass sie für das Skilaufen als Form der Körperertüchtigung von klein auf verloren gewesen ist. Wegen der Angst vor den Wölfen auf dem Schulweg, aber auch wegen ihrer Mutter.

Wilmas Mutter verlebte ihre frühe Kindheit in einem Gutshaus in Karelien. Nach der Revolution mussten Landbesitzer mit Drangsalierungen rechnen, sogar um Leib und Leben fürchten. Darum beschlossen Wilmas Großeltern, das Mädchen, das später Wilmas Mutter werden sollte, über die Grenze nach Finnland zu schicken, wo es vor Verfolgung sicher wäre.

Auf den Skiern seines Vaters lief das Mädchen zusammen mit anderen jungen Menschen aus Karelien zig Kilometer durch die Wälder bis ins finnische Joensuu. Nach der Ankunft klagte es über gefühllose Beine. Ein alter Arzt untersuchte es im Krankenhaus und war drauf und dran, ihm beide Beine zu amputieren. Ein junger Kollege konnte es im letzten Moment verhindern.

Das Mädchen war damals dreizehn Jahre alt. Seine Eltern bekam es nie mehr zu Gesicht. Der Vater wurde erschossen, die Mutter kam in einem Arbeitslager um.

Die geretteten Beine trugen Wilmas Mutter durch ein langes Leben, doch den Schmerz über den Verlust der Eltern verlor sie nie. Ihre Mutter sei oft unvermutet in Tränen ausgebrochen, erzählte mir Wilma einmal, und als ich zu erkennen glaubte, dass sie viel von diesem Kummer geerbt hatte, fügte sie hinzu, das Schicksal ihrer Mutter helfe ihr, die Herausforderungen des eigenes Lebens im rechten Licht zu sehen.

Wilma registriert, dass ich das Licht gelöscht habe. Sie bricht das Fegen ab, klopft den Schnee vom Besen und begibt sich langsam ins Haus. Als ich wenig später vor Gartentor und Briefkasten den Schnee zur Seite schiebe, kommt sie wieder heraus, um mich zu begrüßen.

»Am zweiten Weihnachtsfeiertag ziehe ich aus«, sagt sie.

»Warum?«, will ich wissen.

»Wegen des Schnees«, gibt sie unumwunden zurück. Man dürfe nicht auf eigenem Grund und Boden leben, wenn man nicht fähig sei, diesen zu allen Jahreszeiten in Ordnung zu halten.

»Es macht mir nichts aus, dir zu helfen. Bis jetzt hat es doch gut geklappt!«

»Meine Söhne meinen, es geht so nicht weiter.«

»Und was meinst du? Willst du denn ausziehen?«

Sie schüttelt so unmerklich den Kopf, als dürfte es der liebe Gott nicht sehen.

Wäre Wilmas Mutter nicht auf Skiern nach Finnland, sondern mit dem Schiff nach Deutschland geflohen, müsste Wilma nicht wegen übermäßiger Schneelast ihr Haus verlassen. Wo ich herstamme, bringt schon lange kein Streufahrzeug mehr die Kinder zum Weinen. Man kann in Mitteleuropa groß werden, ohne je geschmeckt zu haben, wie eine Flocke im Mund zergeht. Es soll dort inzwischen Haushalte ohne Schlitten geben und Kinder, die nicht mehr wissen, wie man beim Rodeln lenkt.

Geschichten über zu viel Schnee können nur noch aus dem Norden kommen.

Am nächsten Morgen liegen zwanzig Zentimeter Neuschnee. Der Schneepflug ist schon da gewesen und hat an beiden Straßenrändern Wälle von einem halben Meter Höhe aufgeworfen.

Ich muss wieder ran.

In der Küche des gelben Holzhauses brennt Licht, aber Wilma lässt sich nicht blicken, als ich den Wall vor dem Gartentor abtrage, einen Weg zur Haustür freilege, die Eingangstreppe vom Schnee befreie und einen Pfad um das Haus herum zum Keller und quer durch den Karten zum Holzschuppen bahne. Erst als ich fertig bin, tritt sie aus dem Haus, bedankt sich und schenkt mir, wie jedes Jahr, ein Pfund Kaffee.

Schneeschipptipp 1

Von den norwegischen Schnee-Experten Bjørn Skomakerstuen und John Smits – wie auch alle weiteren Schneeschipptipps in diesem Buch

Neuschnee *ist am leichtesten. Warten Sie nicht, bis ein halber Meter liegt. Ein Wetterumschwung kann einen halben Meter Pulverschnee rasch in schweren Pappschnee verwandeln, der Sie wesentlich mehr Anstrengung kostet.*

Durs Grünbein

Der Schnee von heute

Monsieur, wacht auf. Es hat geschneit die ganze Nacht.
Soweit das Auge reicht einer weißen Fläche,
Schmückt sich das Land mit weißen Kegeln. Es sind
Bäume,
die mit der Winterhand der große Arrangeur
Veredelt hat. Man sagt, Ihr schätzt ihn, seinen Spieltrieb,
Der Türmen Hauben aufsetzt und die Dächer deckt
Mit kalten Daunen. Sein kristallenes Flanell,
Gewebt aus Flocken. Polstert faltenlos die Fluren aus,
Bis alle Welt verzaubert ist und tief verschneit –
Ein Foliant mit weißen Seiten, die nur er beschreibt.

Sehr Ihr, es tagt. Spurlose Frühe, geometrisch klar.
Kühl wie am Morgen nach der Schöpfung, formen-
streng,
Zeigt sich die Erde nun, berechenbar. Was möglich ist,
Nicht was durch Sintflut, Ackerbau und Kleinstaat-
krieg
Verheerend wirklich wurde, liegt nun ausgebreitet.
Besänftigt lädt, was irgend denkbar ist, zum Studium
ein.
Schnee hat den Bann gebrochen. Das Diktat der Zeit –

Habt Ihr bemerkt, ist aufgehoben. Unter frischen
Wehen
Kroch eine Gleichung in die Hügel. Rein als Raum,
Dreht sich die Landschaft auf den Rücken wie im
Traum.

Wacht auf, Monsieur. Auch wenn es scheint, ein
Federbett
Sei wie die Wunderwelt dort draußen – nur im
Kleinen.
Zum Greifen nah, leicht überschaubar. Eine
Projektion
Im Maßstab Eins zu Tausend, nimmt man die Region,
In der Euch Winter traf und einspann wie die Raupe.
Heraus aus dem Kokon! Kommt, werft die Decken ab,
Wenn auch ihr Faltenwurf an Berg und Tal erinnert –
Dazwischen Gänsepfade, überm Knie ein ferner
Hügel …
Was früh den Blick trübt, nachts ihn bricht, ist kein
Gestirn.
Ein Futteral ists, weich gepolstert, für das müde Hirn.

Es hat geschneit. Seht, vor dem Haus, die weiße
Pracht.
Bringt Euern Leib, das feine Instrument, in Position.
Haltet den Atem an ein Weilchen. Adjustiert genau,
Was zum Verorten so geschaffen ist wie kein
Sextant –
Dies Sehwerkzeug mit seinen Linsen. Merkt Ihr was?

Auch das Gerät, das uns zur Orientierung dient im Raum,
Ist nur ein Körper, für den Euklids Regeln gelten.
Aus Protein gemacht, doch nach der Art von Glas –
Nichts was zerbricht, und dich im Sog der Erdenschwere,
Folgt es, verletzbar, wenn auch Ding, der Brechungslehre.

Lacht nicht, Monsieur. Ihr kennt so gut als jeder Physicus
Die beiden Wunderkugeln. Wetten, mit Sezierbesteck
Habt Ihr die Äpfelchen zerteilt, die feinen Nervenstränge,
Verzweigt im Eiweiß rings wie vor dem Fenster draußen
Das Wurzelwerk der Bäume unterm frischen Schnee.
Weit mehr gewusst habt Ihr als jeder schnöde Anatom
Von Iris und Pupille, Meister Metaphysicus.
Kein Augenarzt – ein Philosoph betrat das dünne Eis
Zuerst mit der vertrackten Frage: Was heißt Sehn?
Que sais-je? Vielleicht hilft Schnee ja, Perzeption verstehn.

Schnee abstrahiert. Nehmt an, er hat das Bett gemacht
Für die Vernunft. Er hat die Wege eingeschläfert,
Auf denen der Gedankengang sich sonst verirrte.
Die Landschaft gleicht der Schiefertafel, blankgewischt,

Gekippt um neunzig Grad. Im Winterlicht erstrahlt
Die reinste Kammer lucida. Durchs Guckloch geht
Der Sehstrahl scharf zum Horizont und kommt
zurück.
Kein Hindernis, kein Zickzackpfad, nur Perspektiven.
Vom Frost geputzt der Zeichentisch – ein idealer
Boden
Für den Discours, Monsieur. Allez! Für die Methode.

Nun steht schon auf. Die Sonne wartet nicht auf Euch.
Erhebt Euch aus zerwühlten Laken, eh die Herrlich-
keit
Zerschmilzt und Dreck die Sicht Euch trübt wie
immer.
Neuschnee ist kostbar wie die großen Diamanten,
Für die man Kriege führt und tauscht Provinzen.
Ein Juwelier, der Schnee. Er modelliert, wohin er fällt.
Er rundet auf und ab und übersetzt in schöne Kurven,
Wofür Physik dann, schwalbenflink, die Formel
findet.
Monsieur, bedenkt, was Euch entgeht, verliert Ihr
Zeit.
Für Euch hat es, für Euch, die ganze Nacht geschneit.

Kim Leine

Die Grönländer haben zwei Wörter für Schnee

Und nicht fünfzig, wie der Mythos besagt. Es gibt ein Wort für Schnee, der auf dem Boden liegt – aput –, und eines für Schnee, der vom Himmel fällt – qanik. Über weitere Bezeichnungen ließe sich streiten, aber dann ist man schnell bei den Komposita, und wenn Wörter wie Schneesturm, Schneegestöber, Neuschnee, Schneekruste usw. als Synonyme für Schnee gelten würden, hätten ja auch die Dänen – ebenso wie die Deutschen – mindestens fünfzig Wörter für Schnee.

Viel Schnee haben die Grönländer allerdings wirklich. Das weiß ich, denn ich habe fünfzehn Jahre in Grönland gelebt.

Winter 1994, Ostgrönland:

An einem ruhigen Dezembertag vor mehr als zwanzig Jahren machten mein Sohn Johannes und ich mit dem Schlitten einen Ausflug nach Norden. Wir spannten zehn meiner vierzehn Hunde ein und fuhren in hohem Tempo durch die Siedlung. Der Schlitten schlingerte wie wild, die Hunde waren euphorisch, die Leute ließen alles stehen und liegen und sprangen zur Seite, um nicht überrannt zu werden. Johannes klammerte sich im Stehen an den Handbogen und jubelte und johlte. Wir erreichten die Bucht, die Hunde flogen über das Packeis, und der Schlitten sprang mit großen Sätzen hinterher, die Leinen knarrten und das Holz ächzte, aber wir gelangten unbeschadet auf die andere Seite.

Ich sah mich um; Johannes war noch da. Kurz darauf waren wir draußen auf dem Fjord. Die Hunde durften sich austoben, sie rannten wie angepeitscht, obwohl meine Peitsche unbenutzt am Handbogen hing. Einige von ihnen krümmten im Laufen die Rücken, entleerten ihre Därme und hinterließen lange, tabakbraune Striche auf dem Eis, und ich lehnte mich auf den Handbogen und hatte zehn hüpfende Arschlöcher im Blick. Dann fielen sie in einen gleichmäßigeren Rhythmus, die vierzig Pfoten erzeugten ein gleichsam weißes Geräusch, das monoton und einschläfernd war.

Um mich wach zu halten, stopfte ich meine Pfeife. Ich setzte mich zum Rauchen hin. Johannes blieb stehen, der Reißverschluss seines Overalls war weit nach unten gezogen und er trug keine Handschuhe, obwohl es Minus zehn Grad waren. Er war acht Jahre alt. Er fror nie.

Wir überquerten den Gletscher Apusiaaji, quälten uns einen Pass hinauf und mussten mehrmals den Schlitten anschieben. Die Ruten der Hunde ragten wie Wimpel in die Luft, aus ihren Mäulern dampfte der Frostatem. Der Rüde Thor, mein Leutnant im Feld, sah sich immer wieder um und suchte meinen Blickkontakt, wir hatten eine enge Verbindung. Auf dem höchsten Punkt des Passes stürmte es; er war wie ein Windkanal, durch den die

Luftmassen in einem Fort hindurchgepresst wurden. Der Schnee war vom Boden geleckt, wir fuhren über einen holprigen und vereisten Untergrund, aus dem kleine Steine herausragten und den Kufen und Pfoten der Hunde gefährlich wurden. Sie stolperten und rutschten, der Schlitten schnarrte über den Kies. Thor schnappte nach rechts und links, um seinen Frust loszuwerden. Zu beiden Seiten erhoben sich steile Felswände, und das Licht war bläulich und grell wie auf einem fernen Planeten mit einer giftigen Atmosphäre. Mehrmals mussten wir vom Schlitten springen, damit er nicht steckenblieb, und bewegten uns nur langsam über den tristen Pass.

Dann hatten wir ihn hinter uns gelassen. Es ging abwärts, jetzt lag wieder Schnee, die Sonne strich über das Feld und traf uns von rechts. Der Schlitten tanzte und schaukelte zum Fjord hinab, und wir wurden schneller und schneller, ich saß vorn und bremste mit den Absätzen meiner Stiefel, Johannes stand hinten auf der Eisenbremse, und trotzdem waren wir irgendwann schneller, als die Hunde laufen konnten, erst rannten sie wie verrückt, um nicht vom Schlitten überholt zu werden, dann gaben sie auf und rutschten auf steifen Beinen den Hang hinunter, und der Schlitten pflügte sich in sie hinein und sauste weiter, sie knurrten und jaulten, die Kufen summten, ich sah den Eissockel gefährlich auf uns zurasen, aber schon waren wir unbeschadet auf dem Eis des Fjordes angekommen, die Hunde formierten sich erneut vor dem Schlitten, und Johannes lachte und johlte laut.

Du kannst schon gut bremsen, sagte ich zu ihm.

Unser Ziel war eine Fängerhütte des Bezirks, die weiter nördlich lag. Die Fahrt dauerte etwa acht Stunden. Unterwegs mussten wir mehrere Pässe überqueren, meistens aber fuhren wir über Fjorde und Buchten. Alles war still, gefroren, in horizontalen weißen und vertikalen dunklen Flächen erstarrt. Unter uns, jedoch unsichtbar, lag das Meer, ein sechshundert Meter tiefer Abgrund, von dem uns nur wenige Meter Eis trennten. Wo eine starke Strömung herrschte, dampften die Eislöcher im Frost, und ich lenkte die Hunde in weitem Bogen herum. Johannes krabbelte auf dem Schlitten vor, und wir tranken gesüßten Tee und plauderten.

Die Hütte war von mehreren Metern Schnee bedeckt, aber wir wussten bereits, wo sie lag, und schaufelten uns hindurch. Die Hunde banden wir mit Seilen an Bretter, die wir mehrere Meter tief im Schnee vergruben, und versorgten sie mit Trockenfutter.

Wir blieben zwei Tage in der Fängerhütte, lasen Bücher und unterhielten uns, gingen auf die Jagd, ohne etwas zu fangen, schossen auf Blechdosen und lagen abends ängstlich wach und horchten.

War da ein Eisbär? Ich hatte noch nie einen lebenden Eisbären gesehen, und obwohl ich mein Gewehr dabeihatte, hätte ich nicht gewusst, was zu tun gewesen wäre, wenn ein Bär die Hunde angegriffen hätte.

Aber sie durften in Ruhe schlafen, und morgens lagen sie zusammengerollt vor der Hütte, die hellrosa

Schnauzen unter die Schwänze gesteckt und mit einer feinen Schicht Pulverschnee bedeckt. Dann hatten wir genug.

Wir spannten die Hunde ein und fuhren gen Süden, noch einmal die Gletscher hinauf und hinab, und kehrten zurück in die Siedlung, zu unserem Haus oben am Friedhof, zu unserer Familie, den Freunden, dem Laden, den Satellitenkanälen, zurück zu Komfort und Zivilisation, zu Arbeit, Konflikten, Sorgen und Alltag.

Der Winter erreichte unsere Siedlung oft spät, manchmal erst nach Weihnachten. Aber wenn er kam, war es ein richtiger, altmodischer Winter mit all dem Schnee, nach dem ich mich als Kind in den schneearmen Wintern in meinem norwegischen Heimatdorf immer gesehnt hatte. Wenn der Winter kam, gab es – beinahe – fünfzig Arten von Schnee. Es gab leise fallenden Schnee, der über die Hausdächer hinauswuchs und sie völlig bedeckte und die Bewohner zwang, in höher gelegene Häuser umzuziehen. Es gab Schnee, den der Nordostorkan in einem flachen Winkel über die Siedlung peitschte. Er drang durch die Holzfaserwände der Häuser und lag wie weißer Schimmel auf den Bettdecken, wenn man am nächsten Morgen erwachte. Solche Schneestürme wirbelten Gegenstände durch die Siedlung, die manchmal auch Menschen trafen und tödlich verletzten. Mitunter hatten die Böen eine solche Kraft, dass die Hunde mitgerissen wurden und in ihren Ketten erstickten. Es gab Schnee, der so dicht fiel, dass man die eigene Hand nicht mehr vor Augen sah. Wenn ich in meinem damaligen Beruf als Krankenpfleger Hausbesuche bei meinen Patienten machen musste, zog ich einen gefütterten Overall, eine Schneebrille und eine Motorschlittenmaske an, schnallte meine Arzttasche von Fjällräven auf den Rücken und kroch auf allen Vieren durch die Siedlung, um einen Kranken zu versorgen oder bei einer Geburt zu helfen. Leute verschwanden im Schnee, und ihre gefrorenen Leichen tauchten erst Wochen später wieder auf, manchmal auch nie, und die Leute erzählten sich, sie seien in die Berge gegangen, um dort oben als Yetis oder Zombies weiterzuleben. Es gab den Schnee nach dem Sturm; er hatte sich in langen, schräg verlaufenden Schneewehen über die Siedlung gelegt, die Topographie der Landschaft verändert und sie plastisch und beweglich gemacht. Zehn, manchmal auch zwanzig Meter hoher Schnee war nicht ungewöhnlich. Wenn der Schneepflug mit der Arbeit begann, sah man nicht viel mehr als den hohen Schneestrahl, der an den Dampf einer Lokomotive erinnerte und aus der Tiefe der Schneise emporschoss, die das Fahrzeug schlug. Der Kaufmannsladen lag unter Schnee begraben. Einige Männer waren eigens von der Kommune dafür eingestellt, Tunnel zum Eingang zu graben, durch die die Leute hinabrutschen und nach dem Einkauf wieder emporklettern konnten. Der Fjord war vereist und schneebedeckt, im Frühjahr wurde dort ein Fußballfeld freigeräumt, wo die Vorbereitungsspiele für die große Bezirksmeisterschaft im Sommer ausgetragen wurden, und es war ein feierlicher Anblick: diese jungen Menschen draußen auf dem schneebedeckten Fjord, die nummerierte Trikots mit den Namen brasilianischer und europäischer Spieler trugen.

Der Schnee war ein geliebtes Element, heimisch und vertraut, und wiederkehrend, er war ein Teil von jenem Zyklus, in dem man lebte und starb.

Als ich die Siedlung verließ, verschenkte ich meine Hunde, meinen Schlitten und mein Gewehr. Jetzt sind sie weg, ein Stück Vergangenheit, das aus meinem Leben herausgebrochen wurde und verschwunden ist. Abgesehen von einigen wenigen Wochen im Winter ist auch das Fjordeis verschwunden und damit die Existenzberechtigung der grönländischen Schlittenhunde. Der Großteil von ihnen hat inzwischen mit einer resignierten Gutmütigkeit – so stelle ich es mir vor – in den doppelten Lauf einer Flinte geblickt und das leise Klicken des Auslösers vor dem Knall und dem Schwarm der Schrotkugeln gehört.

Eis und Schnee verschwinden allmählich von der größten Insel der Welt. Der Hundeschlittentourismus geht zurück, und der traditionelle Beruf des Fängers wird auch bald Vergangenheit sein. Dafür ist der Klimatourismus auf dem Vormarsch, und bei den Helikopterflügen, die von den Touristeninformationen angeboten werden, etwa über den Ilulissat-Fjord in der

Diskobucht, kann man die klimatischen Veränderungen live beobachten. Angela Merkel ist dort gewesen. Barack Obama. Lee Myung-Bak. Und die National Geographic natürlich auch.

Die Bewohner des Landes versuchen sich der neuen Wirklichkeit anzupassen. Über die Hälfte der Bevölkerung wurde noch zur Kolonialzeit, also vor 1953, geboren, oder jedenfalls in einem Land mit einer kolonialähnlichen Verwaltung. Sie haben eine Reise hinter sich: von einer kleinen Siedlung oder einem abgelegenen Ort in die Großstadt mit ihren Mietskasernen aus Beton, von Fang und Jagd hin zu Jobs mit geregelten Arbeitszeiten, Tiefkühlpizza und Nespresso. Und die Landschaft, in der sie gelebt haben, ist buchstäblich wie Schnee in der Sonne verschwunden. Das Fjordeis ist weg, und damit die Fernstraßen der Hundeschlitten. Die Gletscher sind zu Fata Morganen in flirrender Hitze geworden, und unter ihnen kommt neues Land zum Vorschein: schwarz, schmutzig und trist. Jetzt regnet es in Grönland ebenso oft, wie es schneit. Die traditionelle Lederkleidung wird nicht mehr getragen, dafür hat man neuerdings Regenschirme. Die Landesbevölkerung und der Rest der Welt müssen sich damit abfinden, dass jenes Grönland, wie wir es kennen, in jeder Hinsicht verschwindet, und das hängt natürlich nicht nur mit dem Verschwinden des Schnees zusammen. Aber der Schnee und das Eis sind vielleicht die deutlichsten Merkmale für den Umbruch, in dem sich das Land dieser Tage befindet.

Griechenland, Sommer 2002:
Ich machte eine Charterreise nach Kos, einer Insel in der Ägäis.

Natürlich ist die Landschaft dort mythisch und noch dazu wunderschön. Ich lieh mir einen Motorroller und fuhr um die Insel und in die Berge, ich stellte mein Gefährt ab und wanderte auf Ziegenpfaden durch einsame Gegenden, während ich mich zunehmend bedrückter und verlorener fühlte.

Diese Landschaft verstehe ich nicht, dachte ich. Die Erde war staubig rötlich, das Gestrüpp staubig grün, das Zirpen der Grillen wie ein Tinnitus, die Luft dickflüssig und klebrig wie Eiter. Nirgends lag Schnee, kein frischer Windstoß wehte von einem Gletscher herunter. Die Natur kam mir vor wie ein geschlossener Raum. Ich konnte ihre Schönheit durchaus erkennen; den Kontrast zwischen den Nadelbäumen, den weißgekalkten Dörfern und dem knallblauen Wasser mit dem grünlichen Meeresgrund, auf das ich von den Berggipfeln hinabschaute. Aber ich verstand sie nicht, konnte sie emotional nicht erfassen. Und ich fühlte mich nicht wie ein Teil von ihr. Ich fühlte mich von Griechenlands Schönheit im Stich gelassen.

Ich reiste wieder nach Dänemark. Einige Monate später ging ich ein weiteres Mal nach Grönland. Ich schwebte über die Schneelandschaft, in einem dröhnenden Sikorsky, der mich in eine abgelegene Siedlung transportieren sollte. Und als ich aus dem Helikopter stieg, mir die beißende Kälte entgegenschlug und ich zwischen den sanft gewellten Linien der hohen Schneewehen zur Siedlung ging, spürte ich eine enorme Erleichterung, ein Gefühl, zu Hause zu sein, aber auch eine gewisse Verbitterung gegenüber der griechischen Landschaft im Mittelmeer, die so schön und sanft war, mir aber keinen Einlass gewähren wollte.

Heute bin ich an einem anderen Ort. Ich wohne in Kopenhagen und habe mir dort ein Leben aufgebaut. Ein gutes Leben. Die ersten Jahre nach meiner Rückkehr aus Grönland waren schmerzlich. Ich fühlte mich, als sei ich in das kälteste und finsterste Land der Welt gekommen – und nicht von dort. Dieses Gefühl hat nachgelassen. Kopenhagen, Dänemark, Europa, ist ein guter Ort zum Leben. Aber irgendwo im Hintergrund schwelen noch immer der Schmerz und die Sehnsucht. Für mich sind das die beiden dänischen Wörter für Schnee. Immer wenn ich über Grönland schreibe, hole ich sie hervor und kuschle ein wenig mit ihnen. Sie sind die wichtigste Triebfeder meines Schreibens.

Somit ist dieser Text wohl in Wahrheit eine Elegie über meine verschwundene Vergangenheit in Grönland.

Sjón

das buch vom schnee

es beginnt mit einem zitat, in dem das wort augenweiß
vorkommt

im zweiten absatz steht der frauenname blanca
und dass es glück bringt, eine zwillingsschwester so zu
nennen

das dritte kapitel erzählt von einem leintuch, das sich
sanft im wind bläht
an einer schnur am hang hinter einem dreistöckigen
haus, von wo man
einen langen fjord entlangblickt

der vierte teil spielt auf einem geschäftigen milch-
bauernhof, wo die milch
in den melkeimern schäumt und man in riesigen stahl-
bottichen quark rührt

auf der letzten seite murmelt eine alte frau: »schlaf-
blau, er war schlafblau«

Schneeschipptipp 2

Tragen Sie vernünftige Kleidung. *Kleiden Sie sich nach dem Zwiebelprinzip, damit Sie die Wärme regulieren können. Tragen Sie Handschuhe, dann bekommen Sie auch keine Blasen.*

Uwe Kolbe

Landschaft im Schnee

Das ist die schwarze Kugel,
Werk eines Graphikers,
auf der unendlichen Fläche
Weite und Stillestehen.

Oder im Raster, im Funkeln
gleiten wir, fliegen travers,
Hingabe ohne Schwäche,
Stäuben, Verwehen.

Das ist die Welt offen,
Horizont aufgesperrt,
aus hell silbernem Becher
atembenehmender Trank.

Und ist darin beschlossen,
vor alles weiterfährt,
jeder entrichtet das Beste,
der weißen Göttin den Dank.

Schneeschipptipp 3

Heben Sie den Schnee richtig, wenn Sie schaufeln.
Breitbeinig stehen, Knie beugen, Bauchmuskeln anspannen und den Rücken gerade halten! Arme und Bauchmuskeln tun die Arbeit, die Beine heben das Gewicht an.

Lars Saabye Christensen

Harte Weihnacht

Es war zu der Zeit, als die Schneewälle so hoch ragten, dass man sich nach Majorstua hochschlängeln musste, von dort die Straßenbahn nach Valkyrien nehmen, bis zum Vestkanttorget wieder hinunterlaufen, über die Schlittschuhbahn schliddern, sich seitwärts nach Skarpsno schieben, die Eisenbahnschienen entlangkriechen, dann die Nesoddfähre nach Flaskebekk nehmen, über das Eis bis Sandvika wandern, mit dem Rad in die Bygdøy allé einbiegen, sich an den Bus bis zur Niels Juels gate hängen und in der Kurve am Moggapark loslassen, nur um vom Frogner plass zur Thomas Heftyes gate zu kommen. Das waren ungefähr acht Meter. So war es damals. Und die Tannenbäume waren genauso üppig. Es gab so viele Tannennadeln, dass unsere Mütter fast bis zum siebzehnten Mai staubsaugen mussten und unsere Väter bis zum Juni Holz hackten, und die Feuer in der Mittsommernacht waren nie höher und größer.

Putte wohnte in der Thomas Heftyes gate, Oskar am Frogner plass. Jetzt saßen sie bei Putte. Es war der zweite Sonntag im Advent.

»Haste schon ’nen Wunschzettel geschrieben?«, fragte Oskar.

»In Arbeit«, erklärte Putte, und auf seiner Stirn bildete sich die tiefste Querfalte der Stadt, ungefähr von der Größe einer Dachrinne.

Denn eines stand fest: Niemand war besser im Wunschlistenschreiben als Putte. In den drei letzten Jahren hatte er jedes Mal einen Volltreffer gelandet, wenn man von dem Aquarium absah, das er sich letztes Jahr gewünscht hatte, und von der blauen Unterhose, mit der ihn ein entfernter Cousin das Jahr zuvor beglückt hatte.

»Und wie weit bist du, Putte?«

»Diesmal ist es verdammt hart«, sagte er, »Das schlimmste Weihnachten aller Zeiten.«

»Wieso denn?«

Putte holte tief Luft und sah plötzlich richtig unglücklich aus; ausgerechnet Putte, der genau wusste, dass man den Eishockeyschläger natürlich auf Platz vier des Wunschzettels schreiben musste, und wenn man dann ganz oben eine Seifendose platzierte, konnte man ziemlich sicher sein, dass Vattern mal ein ernstes Wort mit Muttern reden, dann geradewegs nach Majorstua laufen und dort einen Hockeyschläger und an die zwanzig Pucks kaufen würde.

»Ich bin hin- und hergerissen«, sagte Putte. »Ich weiß nicht, ob ich ganz oben ein hartes oder ein weiches Paket hinschreibe.«

»Geht mir genauso«, nickte Oskar.

»Wenn ich zuerst zwei weiche aufschreibe und ein hartes auf Platz drei, glaubt Muttern vielleicht, dass ich Nummer zwei haben will.«

»Kannste denn nicht ein hartes an die zweite Stelle setzen und ein weiches auf Platz drei?«

»Biste bescheuert?«

»Natürlich nicht.«

»Dann kauft Vattern Nummer drei, ist doch logisch, oder?«

»Klar, ist logisch.«

Am selben Abend, kurz bevor Oskar einschlief, kam seine Mutter zu ihm hinein, und blieb wie ein Schatten in der Türöffnung stehen.

»Wir brauchen deinen Wunschzettel«, sagte sie.

»In Arbeit«, flüsterte Oskar.

»Wir brauchen ihn morgen.«

Seine Mutter schlich sich wieder davon, der Schnee wuchs auf den Fensterbrettern, und schließlich konnte Oskar doch noch einschlafen. Er träumte von zwei weichen und einem harten.

An den folgenden Tagen, als sie über den Sankthanshaugen geklettert waren, ums Bislet herumgegangen, sich durch den Slottsparken einen Weg gebahnt und mit der Straßenbahn den Glitnebakken hochgekrochen waren, blieb Putte stehen, schaute Oskar lange an und sagte:

»Ich habe mich entschieden«, sagte Putte.

»Wozu?«

»Ich schreibe dieses Jahr keinen Wunschzettel. Scheiß drauf.«

Schweigend blieben sie im Schatten des Schneewalls stehen, dann trennten sie sich und gingen nach Hause.

Sein Vater hatte sich eben noch konzentriert über den Fischauflauf gebeugt. Jetzt hob er den Kopf und sah den Sohn an, als begegneten sie sich zum ersten Mal.

»Was sagst du da?«

»Ich schreibe dieses Jahr keinen Wunschzettel«, wiederholte Oskar.

Sein Vater schaute die Mutter an, eine Gabel fiel vom Tisch, doch noch bevor sie auf dem Boden landete, war Oskar bereits aufgestanden, hatte sich fürs Essen bedankt und war in sein Zimmer gegangen, um für den Rest des Abends nicht wieder herauszukommen.

Drei Kerzen brannten herunter, und im Laufe des Vormittags tauchten allmählich Oskars Tanten auf, die Einkaufswagen voller Pakete. Sie probierten schon einmal die Weihnachtskekse und gingen, als Oskar von der Schule kam, sie lächelten verschmitzt und gaben sinnlose Floskeln von sich, wenn sie ihm auf der Treppe begegneten.

»Tag, Tante Sigrid«, sagte Oskar.

»Warst du dieses Jahr auch schön brav?«, fragte Tante Sigrid.

»Ich denke schon.«

»Na, mal sehen, ob der Dompfaff am Tag vor Heiligabend noch seine rote Brust hat«, sagte Tante Sigrid und sah noch geheimnisvoller aus.

Die Onkel kamen spät am Abend mit prall gefüllten Rucksäcken und tranken einen Aquavit, während Vater die Sülze machte, der schreckliche Schweinekopf auf der Anrichte lag und Mutter den Rotkohl kochte, das Kupfer wurde schwarz, die Trauringe zu eng und die Onkel melancholisch, bevor sie wieder nach draußen verschwanden, wo ihre Gesichter im Schnee so rot leuchteten wie chinesische Lampions.

Nachts konnte Oskar nicht schlafen. Der Zeitpunkt rückte näher, der Baum wurde auf den Ständer gestellt und mit Sternen bestückt, und er hatte alles auf eine Karte gesetzt: Nichts. Der erste Heiligabend ohne Wunschzettel. Und eines Nachts hielt er es nicht länger aus. Er stand auf, schlich sich ins Schlafzimmer seiner Eltern und kroch unter das Bett, wo die Geschenke versteckt waren. Er tastete sich vor und stieß auf ein Paket, wie er es noch nie erlebt hatte: Es war schwer, es war hart und es enthielt viele Teile. Eine Modelleisenbahn, dachte Oskar, die größte Modelleisenbahn der Stadt!

Dann hörte er ein Geräusch über sich.

»Bist du das?«, fragte Vater leise.

»Ja«, flüsterte Oskar. »Ich bin es nur.«

»Was machst du unter unserem Bett, mein Sohn?«

»Ich konnte nicht schlafen.«

»Dann geh zurück in dein Zimmer und zähle hundert Schweineköpfe.«

»Ja, Vater.«

Endlich war es Heiligabend. Er begann mit den Sängerknaben, ging weiter mit der Fünfuhrvorstellung in der Frogner Kirche, und dann war das Haus voll mit

Onkeln und Tanten, die bereits von Punsch und Orgel beschwingt waren. Keiner fand die Mandel im Reisbrei, vielleicht hatte sie auch jemand verschluckt und traute sich nicht, es zuzugeben. Man tanzte um den Baum und sang Stille Nacht und Es ist ein Ros entsprungen, und ganz zum Schluss, wie immer, kamen die Pakete. Die Tanten und Onkel bekamen Brotbretter, Obstschalen und Serviettenringe geschenkt, auf denen sein Name, Oskar, ein für alle Male eingebrannt stand. Und Oskar riss das Papier von einem weichen Paket nach dem anderen auf, aber das machte nichts, denn das riesige Paket lag noch da, am Fuße des Baums, und Oskar bedankte sich herzlich für die Handschuhe und er bedankte sich herzlich für die Ohrenschützer und er bedankte sich besonders herzlich für die dicken Wollsocken. Und dann war nur noch das eine übrig, für Oskar von Tante Sigrid, das unbegreifliche Paket, sperrig mit Ecken und Kanten, und es war nicht zu erkennen, wo oben und wo unten war. Alle standen um ihn herum, Oskar holte tief Luft, riss vorsichtig das Papier ab, so vorsichtig wie möglich, schloss die Augen und öffnete sie wieder, und da sah er, was es war: Kleiderbügel. Sechzehn Kleiderbügel aus schwarzem Plastik. Er blieb reglos auf dem Boden sitzen und starrte die Kleiderbügel an, sechzehn Kleiderbügel, während die Onkel sich zuprosteten, die Tanten in die Hände klatschten und die Tannennadeln wie grüner Staub herabrieselten.

Langsam stand Oskar auf.

Er ergriff Tante Sigrids Hand, verneigte sich.

»Danke«, sagte er. »Genau das, was ich brauche.«

»Ja«, sagte Tante Sigrid. »Du wirst ja jetzt auch erwachsen.«

Er ging ins Bett und wachte erst auf, als Putte am nächsten Tag anrief.

»Hier ist Putte. Na, was ist es geworden? Hart oder weich?«

»Hart«, sagte Oskar.

»Wie hart?«

»Ziemlich.«

»Nun sag schon.«

»Sechzehn Kleiderbügel.«

Erst am dritten Weihnachtstag sagte Putte wieder etwas. Er sagte:

»Ich habe auch was Hartes gekriegt.«

»Wie hart?«

»Ein Rasierapparat.«

Sie atmeten beide eine Weile in den Hörer.

»Dabei habe ich doch gar keinen Bart«, sagte Putte. Dann legten sie auf.

Daran muss Oskar viele Jahre später denken, als er den Schrank öffnet und den Anzug von einem Kleiderbügel nimmt, aus schwarzem Plastik, seinen einzigen Anzug, den er nur zu ganz besonderen Anlässen anzieht, zum Beispiel an Heiligabend.

Schneeschipptipp 4

Schneewanne *und* Schneeschieber *sind praktische Werkzeuge. Mit ihnen schieben Sie den Schnee rückenschonend weg, anstatt ihn zu schaufeln.*

Erich Kästner

Nennt sich das Winter?

Dass man den Winter so sehr suchen muss …
Ich bin seit gestern dauernd umgestiegen.
Und sah vorm Zug aus Stadt und Dorf und Fluss,
nur keinen Schnee (den ich doch suchte) liegen.

Im Speisewagen gab es Rindsfilet.
Mit Fastern, die sich in die Zähne klemmten.
Der Zug fuhr schnell. Nur nirgends gab es Schnee.
Bei Ulm noch nicht. Und nicht einmal bei Kempten.

Der Himmel war im Allgemeinen klar.
Doch der Kalender war sich nicht im Klaren.
Der Zug fuhr schnell, weil es ein Schnellzug war.
Wie lange sollte ich denn noch so fahren?

Der Wald trug Rauhreif wie aus weißem Filz
Und wirkte fast wie großer bleicher Ginster.
Der Wald bekam das Aussehn eines Bilds.
Die Sterne zwinkerten. Es wurde finster.

Der Zug kroch höher. Näher kroch das Ziel.
Dicht unter Immenstadt lag etwas Weißes.
Das war tatsächlich Schnee. Wenn auch nicht viel.
Und nun begann die »Region des Eises«.

Ich schrie beim Anblick jedes weißen Flecks.
Ich zählte Schnee! Das machte große Mühe.
Mitunter war es bloß ein kleiner Kleks,
wie das Ergebnis weißgefärbter Kühe.

Heut Morgen traf ich nun im Allgäu ein.
Die Welt ist grün. Der Schnee liegt in Portionen,
als sei er vom Verschönerungsverein
für die herangerollt, die nun hier wohnen.

Was nützt mir jetzt mein Wunsch nach Eis und Schnee?
Ich wollte kindisch durch die Wälder traben.
Hier gibt's nur Maskenball und Fünfuhrtee!
Das war zu Hause billiger zu haben.

Hellrot steigt der Morgen hinter den Fahrzeugen hoch. Oleg wundert sich, dass es immer noch stürmt, obwohl die Sonne scheint, bis er feststellt, dass der Sturm in seinen Ohren ist. Dass seine Ohren den Sturm aus der Erinnerung produzieren.

Die Sonne legt sich über den Schnee, und je höher sie steigt, desto kürzer werden die Schatten, die die Fahrzeuge werfen. Der Schnee sieht so gleichmäßig aus, als hätte ihn jemand nach einer Zeichnung verteilt. Nichts ist verwüstet, die Schneedecke liegt wie mit einer Wasserwaage gezogen da. Zum ersten Mal seit letzter Nacht legt Oleg Dlouhy vom Bergrettungsdienst Harrachov das Funkgerät aus der Hand.

Der Schnee zeigt, dass die Macht nicht bei ihm liegt.

Oleg nimmt die Filtertüten aus dem Spind, und bevor er die Kaffeemaschine einschaltet, sieht er noch einmal aus dem Fenster, das nach dieser Nacht blank ist. Den Kaffeefilter hält er wie ein Jojo mit Daumen und Zeigefinger.

Jiržy kommt über den Hof gerannt. Er zieht eine schiefe Spur hinter sich her durch den Schnee, weil er nicht weiß, wo der Weg ist. Als Erstes müssen sie die Fahrzeuge ausgraben.

»Auch 'n Kaffee?«

Jiržy lässt die Tür hinter sich offen.

»Vosečka und Dvoračky sind verschüttet. Wir brauchen zwei Hubschrauber, ruf den Arzt an und schick mir zwei Leute mit. Wenn niemand da ist, musst du mit.« Er schnallt sich die Ausrüstung um und zieht das Rettungsseil vom Holz. Dann bleibt er kurz stehen.

»Eine ganz schöne Nacht, was?«

»Der Arzt ist schon unterwegs.« Oleg drückt Jiržy den Kaffeefilter in die Hand und geht nach hinten, um nachzusehen, ob noch jemand von der Reserve da ist. Jiržy selbst hat heute Nacht die Notaufnahme in Tanvald verrückt gemacht, aber die haben einen Großteil der Hubschrauber in die Hohe Tatra geschickt, wo es viel schlimmer sein muss.

Sein Funkgerät piept.

»Was? – Nein. Geht nicht. Wir haben hier keinen Platz mehr. Ruf im Kino an, vielleicht können sie den Saal frei machen.«

Im Ruheraum findet er drei Leute und schickt sie los.

»Ja! Das Kino! Besser, als noch Stunden auf den Krankenwagen zu warten. Die Leute müssen erst mal warm gehalten werden.«

Jiržy hat den Filter neben die Maschine gelegt, das Kaffeepulver ist auf den Tisch herausgerutscht. Oleg sammelt es in seine linke Hand und pustet die restlichen Krümel weg. Dann setzt er sich auf den Holzstuhl an der Wand des Büros.

Die Frau neben ihm auf der Liege atmet gleichmäßig. Eine junge deutsche Touristin, auf Skiurlaub im Riesengebirge. Das kurze schwarze Haar ist an den Schläfen feucht vom Schweiß, vielleicht träumt sie von letzter Nacht. Er hört ihnen beiden beim Atmen zu und genießt es, für einen Moment an gar nichts zu denken. Nur das Fauchen der Kaffeemaschine und das Klappern der Ausrüstung, die die Reserve-Leute hinten für ihren Einsatz vorbereiten, stört noch die Stille im Kopf. Dann wird die Frau neben ihm wach, als fühlte sie sich von ihm beobachtet. Sie richtet sich auf, und er sieht die sekundenlange Verwunderung, bevor sie begreift, wo sie ist. Sie stützt sich auf den Ellbogen. »Hat jemand angerufen? Hat sie jemand benachrichtigt?«

»Wen meinen Sie?«

»Pension Beranu. Haben Sie da nicht angerufen?«

»Legen Sie sich bitte wieder hin. Der Arzt kommt gleich.«

»Sie müssen da anrufen.«

»Das haben wir längst. Die Angehörigen werden von uns sofort verständigt.«

»Meine Freundin?«

»Ja. Ihre Freundin auch.«

»Aber meine Freundin ist ja keine Angehörige. Ich meine, strenggenommen. Wir sind ja nicht verheiratet.«

»Wie heißt sie?« Das fragt er nur, um sie zu beruhigen. Für Jiržy sind diese Anrufe Routine.

»Evy.«

»Evy«, sagt Oleg, »genau. Wir haben Ihre Freundin verständigt. Sie weiß Bescheid.«

»Dann ist gut«, sagt die Frau, legt sich wieder auf die Liege zurück und verschränkt die Arme über dem Bauch. Ihre Finger haben jetzt eine normale Färbung.

Oleg schaltet die Kaffeemaschine aus. Dann nimmt er die Wattejacke aus dem Spind.

»Machen Sie sich keine Sorgen«, sagt er, »draußen sieht es jetzt aus wie im Märchen, alles ist ruhig, und Sie sind ganz in Ordnung. Eine Erkältung vielleicht. Mehr haben Sie nicht zu befürchten.«

Gestern Nacht mussten sie die Frau vollständig ausziehen und mit Handtüchern warmrubbeln. Die Füße hatten bis zur Ferse hin diese typische gelbliche Färbung.

»Wann war das, als Sie angerufen haben?«

Oleg knüpft die Jacke zu und fragt sich, ob sich die Frau daran erinnern kann. An was sie sich überhaupt erinnern kann.

»Jiržy, wann hast du bei Beran angerufen?«

»Gegen drei«, ruft Jiržy von draußen, der vorhin schon todmüde aussah und jetzt noch einen Einsatz fliegen muss, und niemand weiß, wann es aufhört. Jiržy ist einer von denen, der die Anekdote für wahr hält, die man seit Jahren im Zusammenhang mit den Berans erzählt, und deshalb immer als Letzter aufhören würde.

»Dann ist gut«, sagt die Frau. »Ich dachte nämlich schon, ich hätte alles verpasst. Es wäre zu spät. Sie wäre nicht mehr da. Wir haben uns so gestritten. Aber das war sie, ja? Meine Freundin war noch da, als Sie angerufen haben?«

Die Leute von der Reserve kommen nacheinander herein und holen sich ihre Jacken aus dem Spind.

Jiržy ist der Einzige von ihnen, der sich traut, bei Frau Beran anzurufen, obwohl das alles lange zurückliegt, mehr als dreißig Jahre, und von ihnen damals keiner älter als fünf Jahre alt war. Es ist nicht ihre Schuld, dass im ganzen Ort kein Rettungshubschrauber für die Rettung ihres Mannes zur Verfügung gestanden hatte. Oleg erinnert sich an damals, an den Aufruhr, die beklemmende Stimmung, die Anspannung, die in der Luft lag, aber die meisten der Erinnerungen sind nicht seine. Manchmal glaubt er, einen 20-Tonner mit beweglichem Geschütz auf der Karlsbrücke in Prag gesehen zu haben, aber dann sind es nur die Bilder aus den Erzählungen seiner Eltern.

»Ich habe sie überhaupt noch nicht kennengelernt«, sagt die Frau auf der Liege.

»Wen?«

»Meine Freundin. Ich kenne sie seit zwei Jahren, und ich hab keine Ahnung, wer sie ist. Und das würde ich jetzt gern besser machen.«

Sie sagen alle das gleiche, wenn sie aus dem Schnee kommen. Als würde der Schnee auch die Menschen gleichmachen, wenn er sie einmal unter sich versteckt hat. Oleg hat schon schlimmere Fälle gesehen als die junge Frau, die vielleicht drei Stunden in dem zwei

Meter tiefen Loch saß. In seiner Ausbildung hat er Menschen gesehen, die nicht bewegt werden durften, sonst hätte ihnen das eisige Blut das Herz lahmgelegt, und andere, denen er mit den Fingern Schnee aus dem Mund gekratzt hat, weil sie kurz vorm Ersticken waren. Er hat das Tödliche einer Staublawine im Hochwinter begriffen, und er kennt die Verstecke des Schnees inzwischen besser als jeder andere. Er weiß, dass sich um die Schneestangen auf Kammwegen Löcher bilden, die zu Fallgruben werden, weil der Schnee dort nicht nachrutscht. Sie sind so tief, dass man allein nicht wieder herauskommt.

»Es war gut, dass Sie Ihren Handschuh nach oben rausgeworfen haben. Das war eine gute Idee«, sagt er der Frau, während er zusieht, wie sich die Männer fertig machen. Auch oben, rings um die verschütteten Bauden, wird der Schnee gleichmäßig aussehen.

»Hab ich das?«

»Ja.«

Hinterher sagen sie trotzdem alle das gleiche.

»Sonst hätte ich Sie nicht gefunden. Wenn Sie den Handschuh nicht aus dem Loch geworfen hätten, hätte ich Sie nicht gesehen. Sie waren ja mindestens zwei Meter tief unten.«

Draußen gibt Jiržy das O.K.-Zeichen, dann rennt er zum Hubschrauber hinüber und verschwindet im Schneewirbel, den der Propeller hochzieht. Jiržy achtet penibel darauf, dass immer mindestens drei Hubschrauber einsatzbereit sind. Er würde sich sogar gegen

Anfragen aus den Alpen behaupten, gäbe es welche. Das ist seine Art, mit der Anekdote über die Berans umzugehen.

»Es ist seltsam.« Die Frau schiebt eine Hand unter den Kopf, als draußen der Hubschrauber abhebt. »Wenn man da unten sitzt, sieht man alles verkehrt herum, und da kommt es einem vor, als hätte man eigentlich immer alles nur verkehrt herum gesehen, von der falschen Seite aus, und man muss nur aus diesem Loch gerettet werden, und dann sieht man alles zum ersten Mal richtig.«

Oleg kennt nur die Oberflächen von Schnee. Er weiß, wie Firn, Harsch oder Sulz aussehen, und dass man frischen Schnee, der zu neunzig Prozent aus Luft besteht, am besten mit Sondierstangen abgeht. Gestern Nacht hat er fast den ganzen Kammweg ablaufen müssen, um sie zu finden, nachdem ein Anruf kam aus der Pension, wahrscheinlich die Freundin.

Aber Oleg weiß nicht, wie es ist, unter dem Schnee zu sein.

Die Menschen, die er rauszieht, sind nicht unglücklich. Nicht in den ersten Momenten. Sie sind sogar so, als hätten sie es noch gut eine Weile dort unten aushalten können. Die Frau hat gelächelt, als er sie an den Händen hochhievte, und er hat sich gefragt, ob sie seine Mühe nicht ungeheuer komisch finden muss.

Erst später, wenn sie warm sind und wieder eine Tasse Tee in der Hand halten können, werden sie dankbar oder rührselig und glauben, jetzt würde sich alles ändern. Sie verstehen nicht, worum es geht, und wollen ihr ganzes

Leben wiedergutmachen. Sie haben die ersten Momente vergessen und werden auch vergessen, was sie tatsächlich bedeutet haben.

»Und was sehen Sie jetzt?«

Die Frau auf der Liege antwortet nicht. Vielleicht denkt sie, dass er ihre Antwort nicht verstehen würde, und vielleicht hat sie recht. Vielleicht erwartet er zu viel. Unter dem Schnee zu sein, müsste mit dem Gefühl übereinstimmen, die Anekdote nicht mehr hören zu müssen. Sie einfach vergessen oder einmal für immer auflösen zu können.

»Der Arzt wird bald da sein. Und dann, denke ich, können Sie gehen.«

»Wo haben Sie mich überhaupt gefunden?«

»Unterhalb des Černa Hora. Ihre Freundin hatte Angst, Sie hätten sich verlaufen. Wissen Sie noch, wie Sie dort hingekommen sind?«

»Keine Ahnung. Auf einmal sah alles gleich aus. Es gab nur noch weiß. Überall der Schnee.«

»Eines der schlimmsten Wintergewitter seit Jahren«, sagt Oleg.

»Aber ich bin dankbar dafür«, sagt die Frau auf der Liege. »Das klingt vielleicht blöd. Aber da war diese Blindheit, dieses Nichts, diese Entsagung. Alles war schwarz. Eine einzige große Dunkelheit. Ich glaube, ich kann mir jetzt ein bisschen besser vorstellen, wie das ist, im anderen Teil Deutschlands groß geworden zu sein. Wie meine Freundin, wissen Sie. In diesem dunklen Sozialismus.«

Oleg geht hinaus in den Schuppen, wo die Geräte untergebracht sind, und nimmt sich Schaufel und Kratzeisen. Er beginnt, die Türen des Traktors freizulegen, und schippt dann den Schnee von den Rädern weg. Er wundert sich immer noch, wie ordentlich, wie friedlich alles aussieht. Nur dort, wo er mit der Schippe gewesen ist, sind Spuren entstanden, die die weiße, glitzernde Fläche, unter der der Parkplatz und der angrenzende Rasen verschwunden sind, unterbrechen. Jiržy Fußstapfen zeichnen sich vor der Haustür ab.

»Frau Beran war überhaupt nicht aufgeregt«, hat Jiržy heute Nacht gesagt, nachdem er den Telefonhörer aufgelegt hatte. »Nicht ein bisschen nervös. Sie vertraut uns. Ich glaube wirklich, dass sie uns vertraut.« Er lächelte, trotz der Meldungen, die dauernd über die Funkgeräte hereingekommen waren und für die sie dreimal so viele Leute gebraucht hätten, um sie unverzüglich zu bearbeiten.

Jiržy ist ein guter Partner, und einer, mit dem Oleg am liebsten Nachtdienst hat, vor allem, wenn die Nacht so ist wie die letzte.

Es ist Jiržys Triumph, dass Frau Beran nicht nervös war. Eine kleine, vorübergehende Erlösung von der Anekdote, die zu jedem von ihnen gehört. Die Frage ist dabei nicht, ob Herr Beran damals, vor über dreißig Jahren, überhaupt zu retten gewesen wäre. Das war nur die Version, auf die sich die offiziellen Stellen im Laufe der Jahre geeinigt hatten. Sondern die Frage ist, ob es Jiržy, wäre er älter gewesen, oder irgendjemand anderem beim Grenzsicherungsdienst gelungen wäre, sich den Befehlen zu widersetzen. Und weiter, und da bleibt nicht nur Jiržy jedesmal hängen, ob der Schlaganfall tatsächlich der Grund der Befehlsverweigerung gewesen wäre und und man sich wirklich aufgemacht hätte zu jenem kleinen Haus am Waldrand, das damals noch keine Pension gewesen war. Oder ob Herrn Berans Schlaganfall nur der Vorwand gewesen wäre, um sich dem bevorstehenden Militäreinsatz in der Hauptstadt der Tschechoslowakei, für den landesweit alle Einsatzkräfte zusammengezogen wurden, zu entziehen.

Der Propeller des zweiten Hubschraubers springt an und sprüht Oleg feinkörnigen Schnee über die Unterarme und ins Gesicht. Vosečka und Dvoračky sind verschüttet, das Kino wird freigeräumt, und Jiržy ist unterwegs.

Aber das ist die Antwort, die Jiržy darauf hat.

Schneeschipptipp 5

Die Schneeschaufel kann – im Gegensatz zu den in Tipp 4 genannten Gerätschaften – gefährlich werden, wenn Sie nicht richtig schaufeln. Die Belastung von Rücken und Schultern ist groß.

Linn Hansén

Wenn man sich in den Schnee legt

Wenn man sich in den Schnee legt, geht alles langsam.
Manchmal
wird es vollkommen still. Man braucht nicht sonder-
lich lange
so zu liegen, um zu begreifen, dass es Zeit wird
weiterzugehen. Liegt
man zu lange, entstehen Risse in der Erdkruste.
Anfangs bemerkt
man sie nicht, aber wenn es Frühling wird, sieht man,
dass an
mehreren Stellen Löcher sind. Die Risse zu flicken,
kann Jahre dauern
und man muss provisorisches Material benutzen. Weil
das richtige
Material eine so genannte nicht erneuerbare Energie-
quelle ist.

Maria Antas

Wandern ohne Spuren

Der Weg ist jetzt länger als im Juni. Im Dunkeln verschieben sich die Proportionen, und der kleine Pfad zwischen dem Ferienhaus und der Sauna wirkt jetzt länger als zu der Zeit, in der das Licht keine Pause macht. Auch das Gehör lässt mich im Stich. Meine Schritte, die im Sommer auf dem Kies knirschen, knarzen mal auf dem platten Schnee, mal sind sie lautlos. Sie finden keinen Rhythmus. Es gibt keinen Weg, keinen sicheren Untergrund, nur eine Erinnerung daran. In meinem eigenen Garten bewege ich mich in einem Niemandsland. Ich bin falsch angezogen: an den Füßen Pantoffeln mit glatten Sohlen, die Beine nackt und nur einen dünnen Bademantel für den restlichen Körper. Transitreisende sind selten passend gekleidet.

Ich befinde mich auf einer Reise zwischen Schmutz und Reinheit, zwischen Alltag und Heiligkeit, ich bin eine Pilgerin in meinem Wintergarten. In meinem Rücken höre ich, wie die Autos auf der geraden Strecke durch die kleine Stadt beschleunigen, und ich weiß, dass die Straßenlaternen mit violett-gelbem Licht Kreise auf den Bürgersteig malen, wo Gassigänger in winddichten Jacken und Hosen vorübereilen. Die Stadt lebt und bewältigt ihren Alltag, während meine Schritte Halt suchen, und ich riechen kann, dass die Fußstapfen, die ich hinterlasse, morgen unter einer neuen Schicht Schnee verschwunden sein werden.

Auch die Toten hinterlassen auf dem Weg vom Haus bis zur Sauna keine Spuren. Mein Großvater wird auf der einzigen Bahre des Dorfes, die Füße voran, von seinem Bett in eine Sauna getragen, die leicht eingeheizt worden ist. Er schwebt, am Ende ist sein Körper schwerelos geworden, und bald wird er von einer Person empfangen, die weiß, was er braucht. Der Mann, der das Wort Glück nicht kannte, wird von einer Frau gewaschen werden, deren Hände sanfter und sicherer sind als Großmutters raue, harte Arbeitshände. Es ist Samstagabend, Großvaters Samstagabend, und er wird in der milden Wärme der Sauna gewaschen, und danach wird sein Körper im kühlen Vorratshaus warten. Wenn ich ihn in einigen Tagen wiedersehe, werden Großvaters Wangen glatter rasiert sein als je zuvor. Und erst dann werde ich wissen, dass er tot ist.

Nackte Beine in der Winterkälte, Schnee, der an den Waden schmilzt, wenn der Fuß auf dem unsichtbaren Pfad den Halt verliert und die leichten Schneeflocken nach oben wirbeln lässt.
Als ich ein kleines Kind war, trug mein Vater mich auf dem Arm durch den Garten. Mein Bademantel hatte eine Kapuze, die mein langes Haar schützte. Hinter uns

wanderten meine Mutter und mein Bruder, die Körbe mit Seifen, Bürsten und Handtüchern trugen. Alle schwiegen; Dunkelheit und Schnee dämpfen die Lust, miteinander zu reden. Und dennoch waren wir spürbarer als sonst eine Familie; die gemeinsame Samstagsexpedition durch die Dunkelheit schuf eine Vertrautheit. Maßvoller Widerstand macht uns menschlicher.

Ich sehe die Kontur der Bank vor der Sauna und greife nach dem eiskalten Griff der Tür. Während des viel zu langen Herbstes hat sie Feuchtigkeit gezogen und lässt sich nur mit einem kräftigen Ruck öffnen. Herbst, Winter, Feuchtigkeit und Schnee verziehen die Materialien, die uns dann mehr Kraft abfordern. Heute reicht meine Kraft nicht aus, um den Widerstand zu überwinden, den die Schneewälle um die Sauna herum aufgebaut haben. Die Tür lässt sich nur einen Spalt breit öffnen, ich muss mich hindurchzwängen. Morgen werde ich den besten Spaten nehmen und Kerben in den Schnee schlagen, der vor der Tür fast zu Eis gefroren ist. Ich werde präzise Hiebe auf das Weiß richten, werde Blöcke herausstemmen, und sie in hohem Bogen auf den Rasen werfen. Doch das Frühjahr muss erst seine Mägde zusammenrufen, damit die Sonne ihre warmen Strahlen bis unter die Erdoberfläche schicken kann.

Ich sah Großvater in der guten Stube seines eigenen Bauernhofs im Sarg liegen. Es wäre zu teuer gewesen, den Raum zu heizen, aber der Schnee isolierte die Wände von außen und für einen Körper, dem der Zerfall droht, war der Ort sicher. Seine Söhne, seine Tochter und wir Enkel besuchten ihn zum Abschied, ehe der Sargdeckel wieder geschlossen wurde und er zu seinem Paradeplatz vor dem Haus schwebte. Im großen Wald hatte man ein paar kleine Fichten gefällt, und jetzt standen sie im Schnee aufgereiht und bildeten einen Raum mit drei Wänden, aber ohne Dach. In der Mitte lagen zwei kahle Holzböcke, und dort endete Großvaters Schwebeflug über den Schnee. Der weiße Sarg über dem weißen Schnee, umgeben vom ewigen Grün. Wir schlossen den Raum, in unserer schwarzen Kleidung bildeten wir die vierte Wand, die Großvater daran hinderte, weiterzufliegen. Wir sangen für ihn, vorher durfte er uns nicht verlassen. Schwarze Gesangbücher wurden aus Taschen und Handtaschen geholt. Aber viele konnten das Lied auch so singen: *Härlig är jorden*. Herrlich ist die Erde. Daran muss man sich klammern, wenn sie für einen so großen Teil des Jahres verschwunden ist. Wir waren so schwarz in all dem Weiß, aber es gab starke Stimmen, die das Lied und die Hoffnung auf neues Lebens tragen konnten.

Ich bin am Ziel meiner Pilgerwanderung. Im kalten Vorraum habe ich schnell meinen Bademantel abgestreift, wage es aber nicht, die Pantoffeln auszuziehen, ehe ich die wenigen Schritte bis zur warmen Sauna gegangen bin. Auch für den, der die heilige Hitze sucht, gibt es Grenzen. Meine Fußsohlen sehnen sich schon wieder nach Gras, Sand und nach dem knirschenden Kies auf dem Gartenweg.

Großvaters Grab neben der kleinen Kirche auszuheben, war eine Arbeit von mehreren Tagen. Der Frost reichte in diesem Jahr ungewöhnlich tief in die Erde, und sie musste langsam aufgewärmt werden, Schicht für Schicht, bis das Grab tief genug war. Großvaters Reise über das Weiß endete damit, dass er in eine schwarze Grube hinabgesenkt wurde. Eine Schale wurde auf das Grab gelegt, dort hinein Blumen. Schon auf dem Weg in die Kirche waren sie zu matten Eisblumen gefroren. Bei minus zwanzig Grad kommt der Tod sehr schnell.

In der Pilgersauna verwischt der Dampf alle Umrisse, auch die schärfsten Konturen von Trauer, Enttäuschung und Angst, die auf dem Weg durch die Schneelandschaft noch an der Seele genagt hatten. Die Augen sind geschlossen, die Arme strecken sich regelmäßig, um noch mehr Wasser auf die heißen Steine zu gießen, die Hände waschen Körper und Haar, das Nass aus der Schöpfkelle rinnt unbeschwert über mein ganzes Ich. Neben mir auf der Pritsche hat sich das Handtuch erwärmt, ich trockne mich ab, schlüpfe in den Bademantel und trete hinaus in die Dunkelheit, blende das Licht der Straßenlaternen aus. Ich setze mich auf die Bank vor der Sauna, als wäre es Sommer, und als schiene die Abendsonne. Schon bald ist mein Haar in der Kälte gefroren, es ist weiß vor Eiskristallen, die ich nicht sehen kann. Nur meine Finger spüren sie, wenn ich die starren Haarsträhnen in unnatürliche Richtungen abknicke, aber die Kristalle schmelzen schnell, und die Strähnen lassen sich wieder in sanften Spiralen zwirbeln. Meine Füße in den Pantoffeln werden kalt und reißen mich aus der unsanften Behandlung meines Haars. In einigen Monaten wird vor mir der Löwenzahn leuchten, und ich werde auf derselben Bank sitzen, ein Bier trinken und die Sonnenstrahlen auf meinem Gesicht spüren. Das Leben wird einfach sein.

Dann stehe ich auf; folge meinen eigenen Fußspuren in die entgegengesetzte Richtung, zurück zum Haus. Hat man sein Ziel einmal vermessen, fällt der Rückweg leicht. Jetzt sehe ich Fußstapfen, jetzt höre ich den Schnee knarzen, ich habe einen eigenen Weg durch die kalte Dunkelheit gefunden. Morgen gibt es ihn nicht mehr, und ich bin schon wieder unterwegs zum nächsten Ort, zerstreut.

Schneeschipptipp 6

Wärmen Sie sich vorher auf. *Gehen Sie ein paar Runden ums Haus, rudern Sie mit den Armen und machen Sie einige einfache Beug- und Streckübungen.*

Anne von Canal

Schneeengel

Das Gesicht und die Handflächen dem Himmel zugewandt. Schwindelerregendes Tanzen. Die Flocken fallen schwerelos auf mich herab. Lassen sich auf meiner Haut nieder, zögern kurz, dann geben sie ihr Geheimnis preis und werden zu Tränen. Ich spüre fast nichts. Liege einfach nur da. Allein inmitten der glatten, weißen Fläche. Wenn ich den Kopf drehe, sehe ich in fünfzig Meter Entfernung die Parkbank.

Wir saßen auf der Lehne und rauchten. Zwei Freundinnen im Schneegestöber.
Magst du eigentlich Schnee?, fragte ich und schlug meinen Jackenkragen hoch.
Du nicht?, fragte Pia zurück.
Lieber als Wasser?
Wenn es von oben kommt auf jeden Fall.
Pia streckte die Zunge raus. Schmeckt nach Nichts, stellte sie fest.
Riecht auch nach Nichts, sagte ich. Komisch eigentlich.
Dabei sagt man doch, die Luft riecht nach Schnee.
Wir atmeten Wolken aus.
Was ist eigentlich Schnee?, fragte Pia.
Was Schnee ist?, fragte ich. Wie meinst du das?

Naja, sagte sie. Klar, dass es gefrorenes Wasser ist, aber ich meine, wieso ist Schnee so anders?
Ich glaube, die Wasserstoff- und Sauerstoffatome sortieren sich anders, sagte ich.
Besser?, fragte Pia.
Für einen Chemiker wäre das keine zulässige Frage.
Aber wir sind ja zum Glück keine Chemiker.
Wieso sollte Schnee besser sein als Wasser? Du vergleichst Äpfel mit Birnen.
Er ist viel freundlicher. Stell dir vor, alles, was jetzt von weichem Schnee bedeckt ist, die Häuser, die Gärten, stünde unter Wasser.
Unter Wasser ist es vollkommen still, sagte ich.
Pia öffnete den Mund, wollte widersprechen, schon aus Prinzip, da hörten wir in der Ferne ein Martinshorn jaulen.
Ich musste kichern.
Sie zündete sich eine neue Zigarette an.
Übrigens hinkt dein Vergleichsvergleich, sagte sie. Schnee und Wasser sind ja im Grunde dasselbe, also nicht wie Äpfel und Birnen.
Erbsenzählerin, sagte ich. Wusstest du übrigens, dass Birnen zwanzig Prozent weniger Fett enthalten als Äpfel?
Du lenkst vom Thema ab!
Welchem Thema?
Findest du es nicht herrlich, wenn die Welt weiß verkleidet ist?, fragte Pia.
Doch, antwortete ich. Es gibt so schön wenige Ecken und

Kanten. Und morgens die Erste zu sein, wenn es in der Nacht geschneit hat; wenn plötzlich alles anders aussieht. Und was darunter liegt, ist einfach nicht mehr da. Die perfekte Illusion!

Was heißt Illusion?, fragte Pia. Für den Moment ist es doch Wirklichkeit.

Bis es taut.

Pia stieß mich mit dem Ellenbogen an und schnitt eine Grimasse.

Womit wir wieder beim Wasser wären, fuhr ich fort.

Aber Pia ließ sich nicht beirren.

Warum behaupten eigentlich alle, Eis sei ein Aggregatzustand von Wasser?

Ist es das denn nicht?

Vielleicht ist ja Wasser ein Aggregatzustand von Eis.

Was würde das ändern?, fragte ich.

Alles, womöglich. Wie damals, als die Erde sich plötzlich um die Sonne drehte und nicht mehr umgekehrt. Du weißt ja, was mit Galilei passiert ist.

Jetzt mal im Ernst. Wer sagt denn, dass es nicht anders herum ist?, insistierte sie.

Keine Ahnung, wer das sagt.

Wie ist das denn genau mit den Atomen?

Ich weiß nur, dass sie sich im gefrorenen Zustand in einem hexagonalen System anordnen. Das gibt dann diese hübschen Kristallformen.

Und im Wasser?

Im Wasser herrscht Chaos, sagte ich. Keine Kristalle. Nur atomares Durcheinander.

Dann ist es doch keine Frage, Schnee ist besser als Wasser.
Du findest Ordnung besser als Chaos?, fragte ich.
Willst du damit irgendetwas andeuten?, entgegnete Pia.
Nie im Leben!
Wir schwiegen einen Augenblick und schauten den Flocken nach.
Nicht sehr geordnet, dieser Schnee, sagte ich.
Die letzte Erinnerung an die Verrücktheit des Wassers, vielleicht, sagte Pia.
Schöner Gedanke, dass daraus alles Leben entstanden ist, antwortete ich. Wir kommen aus dem Chaos!
Du meinst wir sind Schneeflocken?
Ich zuckte mit den Schultern. Wer weiß.
Genau, fuhr Pia eifrig fort. Überleg doch mal. Eine geordnete Struktur, alle ähnlich und doch keiner wie der andere. Wir tanzen durch das Leben, und irgendwann lösen wir uns auf. Das gefällt mir.
Du spinnst, sagte ich.
Du auch.
Machen wir jetzt einen Schneeengel?, fragte ich.
Klar, sagte Pia und warf sich das Ende ihres langen, dicken Wollschals über die Schulter.
Wir sprangen von der Bank, stapften mit großen Schritten weit ins Weiß hinein und ließen uns rückwärts fallen.
Unsere Fingerspitzen berührten sich, als wir die Arme bewegten.
Komm, wir fliegen, sagte ich.

Wohin?, fragte Pia.
Weg, sagte ich.
Weg ist gut, sagte Pia, und wir lachten.

Ein Jahr ist es jetzt her. Sie ist ohne mich geflogen. Noch am selben Nachmittag. Der Busfahrer konnte nichts dafür; die Straße war eine einzige Eisbahn, und der Schneefall hatte zugenommen.
Ich bewege die Arme. Schlage mit den Engelsflügeln. Immer schneller, aber ich klebe am Boden, hebe nicht ab. Ohne Pia bin ich einfach zu schwer zum Fliegen.

Ein bisschen weiter draußen in der Nacht kann ich den Fluss ahnen. Nicht wie ein Geräusch oder ein stilles Zittern in der Dunkelheit, eher wie die Gewissheit, dass er dort liegt wie ein zinkfarbener Weg, der aus der Stadt hinausführt. Das ist eine hohle Form von Trost. Elisa und ich sind immer nackt zusammen eingeschlafen. Als unsere Mädchen klein waren, haben wir niemals Schlafanzüge oder Nachthemden getragen, und das hat sich auch nicht geändert, nachdem sie dann ausgezogen waren und eigene Kinder bekommen hatten. Aber wenn sie bei uns übernachtet haben, hatte ich immer eine Unterhose zur Hand, und Elisas Nachthemd lag auf ihrer Seite des Bettes bereit. Ich weiß nicht, wie es angefangen hat. Es ist nicht so, dass wir uns gern vorzeigen, und als wir zum ersten Mal zusammen waren, mussten wir im Dunkeln nacheinander suchen. Das war am Heiligen Abend, und vor Kälte zogen sich die Stämme in der alten Blockhütte zusammen und jammerten. Aber es war etwas an Elisas Wärme, an den gestohlenen Augenblicken des Glücks, als ihre Hand in meiner einschlief, und ich fühlte mich so lebendig dadurch. Immer, wenn ich nachts gefahren war, vom Bahnhof nach Hause ging und in die Wärme unter ihrer

Decke kriechen konnte, spürte ich, dass ich dort war, wo ich hingehörte. Alles, was ich anders hätte machen sollen, die Orte, die ich hätte aufsuchen, die Städte, in die ich hätte reisen sollen, lockten mich nicht mehr, nachdem ich Elisa kennengelernt hatte.

Wir heirateten, als ich fünfundzwanzig war und sie ein Jahr jünger. Damals war ihr Körper anders. Sie hatte Leichtathletik betrieben, und die Muskeln an ihren Oberarmen und Oberschenkeln waren so fest gemeißelt wie auf diesen anatomische Skizzen, die wir in der Schule gesehen hatten. Ich selbst habe den Körper meiner Familie mütterlicherseits geerbt. Ich bin ein kleiner kompakter Waldfinne, geschaffen, um im Schweiße meines Angesichts zu schuften, und in all den Jahren, in denen ich in der Lokomotive saß und Menschen hin- und hertransportierte, fiel es mir schwer, mein Gewicht zu halten. Speckwülste und Geheimratsecken ließen mich zuerst wie den Vater und dann wie den Großvater des Mannes auf unserem Hochzeitsbild aussehen, während Elisa die ganze Zeit dieses Mädchenhafte beibehalten konnte. Die Jahre haben natürlich auch sie gezeichnet, aber sie hat noch immer dieselbe Haltung wie in der Schule, das bilde ich mir jedenfalls ein. Damals, als sie bestimmt in der ersten Reihe saß und alle Fragen des Lehrers beantworten konnte. Dennoch hat sie ihre Jugendlichkeit vor allem durch ihr Lächeln bewahrt. Anfangs war ich eifersüchtig auf ihr unkritisches Lächeln. Wir konnten uns kaum im Laden zeigen, schon strahlte sie irgendwelche daher hergelaufenen Leute an, die Kommentare über Wind und Wetter von sich gaben. Ich selbst kann ihr fast nie so ein Lächeln entlocken, wenn ich versuche, witzig zu sein. Aber das Mysterium Elisa ist aus solchen Dingen zusammengesetzt, aus denen ich niemals schlau werde, und inzwischen bin ich vollkommen abhängig von diesem Lächeln, das sie Unbekannten schenkt. Es sagt etwas über eine Offenheit, die ich niemals durchschauen werde. Jetzt lächelt sie nur die an, die sie nicht mehr sehen kann, und ich blicke dann verstohlen zurück. Ihre Haut ist wie das Gesicht einer alten Porzellanpuppe mit feinen Rissen um die Augen.

Immer, wenn wir uns hinlegen wollen, muss ich zuerst im Schlafzimmer sein, auch wenn von den Nachrichten noch fünf Minuten übrig sind. Sowie sie zum ersten Mal gähnt und dann kommentiert, dass sie »den Mund nicht mehr zukriegt«, bis sie Anzeichen macht, sich aus dem Sessel zu erheben, sitze ich bereit, um mir den nötigen Vorsprung ins Badezimmer zu sichern. Der Höhepunkt des Tages, und ab und zu denke ich, meines ganzen Lebens, ist, wie sie das Nachthemd über den Kopf streift und auf den Stuhl neben dem Fenster legt. Nach vierzig Jahren muss ich einfach immer noch starren. Die Orangenhaut auf den Oberschenkeln, die Adern, die sich über ihre Brüste ziehen wie ein Flussdelta auf der Suche nach neuen Wegen, die Lachgrübchen im Bauch und nicht zuletzt die Kaiserschnittnarbe, wie ein heller, knotiger Längengrad vom Nabel nach unten. Das alles ist meine Frau. Das alles sind Dinge, die ich brauche. Das alles ist etwas, nach dem ich mein Leben steuere. Vor allem diese Narbe. Ich kann es einfach nicht lassen, die Fingerspitzen über die Wundränder gleiten zu lassen, wie ein Blinder, der bei einer Buchseite anhält und dasselbe Wort immer wieder liest. Diese Narbe ist eine einzelne Rune, die über unser gemeinsames Leben gezeichnet wurde.

Ich weiß noch, wie unsere erste Tochter geboren wurde. Wie ich mir den Zutritt zur Wochenstube erzwang, und wie klein Elisa wirkte, als sie sich an meine Hand klammerte. Die grünen Operationskleider kamen mir viel zu eng vor, und die enge Haube verbarg ihre Haare wie bei einer Nonne. Ihre Augen wirkten einsam. Ihre Stimme war kaum mehr als ein Flüstern.

»Don't box me in«, sagte sie, und ich überlegte, ob das aus einem Lied war, oder ob in dieser Stunde der Not etwas aus ihrer Muttersprache das norwegische Denken verdrängte. Möglicherweise ließ die lähmende Wirkung der Epiduralbetäubung ihre Klaustrophobie wieder auflodern. Oder, schlimmer noch: Was, wenn es eine Warnung an mich war, dass ich nicht versuchen sollte, sie zu besitzen? Zum einzigen Mal habe ich damals gespürt, dass meine Haut wärmer war als ihre. Zum einzigen Mal, bis heute.

»Ich fühle mich so leicht wie Wasser in rauschender Fahrt zu einem Wasserfall«, sagte sie damals und war wieder beim Norwegischen angekommen, und ich ließ sie weiter meine Hand pressen, bis der Arzt uns das blutige Bündel hinhielt und wissen wollte, ob wir das Geschlecht erkennen könnten.

Ihre Haare auf dem Kissen haben die Novemberschwärze jetzt verloren. Das Graue hat sich eingeschlichen, als ob sie in der Windrichtung vor einem Feuer gestanden und eine dünne Schicht Asche sich ganz unten bei den Haarwurzeln abgelagert hätte. Anfangs war ich noch nicht bereit dafür, dass sie aufhörte, sich die Haare zu färben. Der plötzliche Kranz aus Licht, der sich über ihr Gesicht legte und der etwas von ihrem Ernst aus der Stirn nahm. Die grauen Haare schienen anzudeuten, dass sie die Dinge nicht mehr wichtig nähme, aber als mir aufging, dass das nichts mit mir zu tun hatte, sondern mit allem, das nichts bedeutet, mit allen Möglichkeiten, sich vor sich selbst und anderen zu verstellen, liebte ich sie nur noch mehr.

Draußen ist es noch immer dunkel, und es wird nie wieder hell werden. Ich kann es im ganzen Leib spüren, wie dann, wenn man morgens mit dem Gefühl erwacht, dass es draußen regnet. Ich sage ihren Namen, aber sie antwortet nicht. Ich greife nach ihrer Hand, aber die liegt nur kalt in meiner. Nun ist es also passiert, und ich denke daran, was sie auf Norwegisch und Englisch gesagt hat, damals, als sie so fest zudrückte, dass der Pulsmesser an ihrem Finger einen Krater in meinen Handrücken grub. Ich bleibe so sitzen, bis es nichts mehr gibt, woran ich mich festhalten kann, dann gehe ich ins Badezimmer, um ihre Haarbürste zu holen. Ihre Haare sind glatt und weich, aber das Geräusch der Bürste ist trocken und scharf. Als die Mädchen klein waren und Elisa bei der Arbeit, war es immer ein Kampf, die beiden morgens zu frisieren. Die Bürste blieb in den Haarnestern hängen, die Zöpfe waren fast immer zu stramm, und ihre dicken nordischen Haare sahen aus wie verfilzte Wolle, wenn ich sie zu einem Pferdeschwanz binden wollte.

Ich suche ihre Lieblingskleider heraus und lege sie ans Fußende des Bettes, wie sie es immer getan hat, wenn wir verreisen wollten. Das ist noch schwieriger, als wenn sie in einer Umkleidekabine Kleider und Blusen hochhebt und mich bittet, ihr bei der Auswahl zu helfen. Sie sagt immer, ich mache ihr die Entscheidung nur noch schwieriger. Mir fehlt ihre Irritation so sehr, dass mir Tränen in die Augen treten. Ich habe das Gefühl, durch die bereiften Fenster eines Hauses zu blicken, in dem niemand mehr wohnt. Ich schließe die Augen und bleibe so stehen, bis auch ich zu einem Teil der Dunkelheit werde. Dann erst wird mir klar, was ich zu tun habe. Ich könnte es nicht über mich bringen, zu sehen, wie sie in einen Sarg gelegt wird. Das dumpfe Geräusch von Erde auf dem Deckel, der süßliche Geruch des frisch ausgehobenen Grabes, das Heimatlose der Stimmen, die versuchen, die letzte Strophe im Liederheft zu singen. Elisa muss es um sich herum offen haben, sie muss den Himmel über sich haben. Immer war sie es, die zum Fluss wollte. Don't box me in, don't box me in, don't box me in.

Ich nehme den blauen Hosenanzug, den sie bei unserem letzten Restaurantbesuch getragen hat, und hänge die anderen Sachen wieder in den Kleiderschrank. Plötzlich fühle ich mich seltsam verlegen, fast beschämt, wie ein Voyeur. Meine Hand zittert, als ich nach der Bettdecke greife. Der Flanellstoff kommt mir grob und steif vor wie Sandpapier. Ich schlage die Decke zur Seite. Hastig fahre ich mit der Hand über ihren Leib. Halte bei den Füßen inne. Die Haut ist leblos und schlaff, als ich sie küsse. Dann ziehe ich ihr die Socken an, die Unterwäsche und die restliche Kleidung. Das Fremdartige daran, Elisa vollständig angezogen im Bett zu sehen, lässt mich zögern. Einige Herzschläge lang spiele ich mit dem Gedanken, sie wieder zuzudecken und sie einfach so liegen zu lassen. Das Richtige zu tun, den Arzt anzurufen und nacheinander die Nummern unserer Töchter zu wählen. Stattdessen hebe ich Elisa hoch und trage sie in meinen Armen aus dem Schlafzimmer. Oben an der Treppe zögere ich wieder. Denke an die vielen Male, als sie scherzhaft gemeint hat, wir wären bald zu alt, um unser Schlafzimmer im ersten Stock zu haben. Langsam steige ich die Treppe hinunter, einen Schritt nach dem anderen, während ich mich immer wieder an die Wand lehne, um nicht aus dem Gleichgewicht zu geraten.

Unten im Wohnzimmer setze ich sie in den Sessel vor dem Kamin. Hier haben wir an jedem Samstagmorgen, an dem wir zu Hause waren, Kaffee getrunken. Erst, um darauf zu warten, dass die Mädchen aufwachten und wir frühstücken könnten. Dann einfach, weil es nichts gab, wofür wir uns beeilen müssten. Sie mit ihrem Kreuzworträtsel und später mit dem Sudoku. Ich mit den Jagdzeitschriften und später mit der Zeitung. Ihr Kopf am Tag vor Heiligabend, über den Tisch gebeugt, während sie die letzten Geschenkaufkleber für die Mädchen schrieb. Der gelbe Plastikkorb mit der frisch zusammengefalteten Wäsche stand vor der Tür der Tochter, die diesmal die Wäsche wegräumen sollte. Elisa, die die Brille als Haarreifen benutzte, wenn sie im Sessel ihr Nickerchen machte. Die immer die Hände gefaltet hatte, als sei sie mitten im Gebet eingeschlafen.

Ich denke, ich müsste ein Feuer machen, aber es kann ja doch nicht mehr warm werden, deshalb lasse ich es. Stattdessen fahre ich den Wagen aus der Garage. Dann trage ich sie hinaus, und als ich vergeblich versuche, die Tür zu schließen, geht mir auf, dass wir einmal vor langer Zeit an einem Samstagabend im Dezember so gestanden haben, damals, als ich sie über die Schwelle tragen wollte. Elisa lachte und sagte, ich sollte sie herunterlassen, ehe ich uns beiden den Oberschenkelhals bräche, aber ich ließ nicht locker, bis ich den Schlüssel herausgefischt und die Tür geöffnet hatte.

Über den Hügeln wirft die Nacht jetzt Risse, und im frischgesiebten Licht eines weiteren Morgens wirken die Zweige der Birken so entlaubt, wie ich mich fühle. Ich schließe den Sicherheitsgurt um Elisa, steige ins Auto und fahre langsam in Richtung Stadt. Überquere die Brücke, über die wir bei unserem ersten Kinobesuch Hand in Hand gegangen sind, komme vorbei an der alten Bibliothek, wo wir Namensbücher ausgeliehen haben, als unsere erste Tochter geboren wurde, folge der Uferpromenade, auf der wir gejoggt, geradelt und am Ende nur noch gegangen sind. Ich kurbele das Fenster ein wenig hinunter. Horche auf Geräusche. Einen Zug, der vor dem Bahnhof langsamer wird. Einen Lastwagen, der vor der neuen Brücke schaltet. Das Rauschen eines Flugzeugs in der Einflugschneise zum Flughafen Gardermoen. Etwas, das Aufbruch und Bewegung verkörpert. Ich höre nur meinen eigenen Motor.

Elisa sitzt zusammengesunken auf dem Beifahrersitz, und wenn uns jemand im flüchtigen Licht der Straßenlaternen sehen könnte, würde nichts darauf hindeuten, dass wir etwas anderes sind als ein ganz normales Ehepaar, das früh aufgestanden ist. Wenn jemand auf dem Bürgersteig an uns vorbeigekommen wäre, würde er vielleicht sogar denken, dass wir vertrauenerweckend wirken, dass wir ein Paar sind, das sorgfältig plant und immer Zeit genug hat. Jetzt wird die Zeit nie mehr drängen. Diese Erkenntnis trifft mich wie ein elektrischer Schlag. Ich setze mich auf und greife nach ihrer Hand. Jetzt umklammere ich sie. Jetzt bin ich leicht wie Schnee. Nichts hält mich noch hier.

Aber sie soll nicht allein reisen müssen.

Ich biege auf den vom Schnee bedeckten Kiesweg zum Fluss ab. In diesem Kolk haben alle Mädchen schwimmen gelernt, und im Sommer waren wir zum ersten Mal mit unserem ältesten Enkelkind dort. Gleich hinter dem Wehr macht der Fluss eine kleine Biegung, als ob er sich ausruhte, ehe er Anlauf nimmt, um nach Fredrikstad und zum Meer zu gelangen. Hier sind wir immer am Johannisabend hingefahren. Haben am Ufer ein Feuer gemacht und sind einfach sitzen geblieben, bis das Holz verbrannt war. Es ist fast wie jetzt, nur geht es viel schneller, wenn sich das Licht im Auto ausschaltet und wir in einer dünnen, fadenscheinigen Novemberdunkelheit sitzen. Langsam verstummt das Ticken des Motors, und in diesem Mangel an Geräuschen, in diesem Mangel an Bewegung, in dieser Ablagerung der Nacht versuche ich zu spüren, ob ich etwas sagen sollte. Etwas erklären. Etwas gestehen. Aber mir fällt nichts ein. Diese Gewissheit macht es leichter, die Tür zu öffnen. In mir ist alles so deutlich, als hätte ich es schon erlebt. Ihre Haare, die sich im Wasser entfalten werden wie eine Seerose, ehe sie nass werden und sinken und sich unter ihrem Kopf verstecken wie damals auf dem Operationstisch. Und ich halte sie vorsichtig wie ein Boot, das ich zu Wasser lassen will. Mit langen Schritten stapfe ich durch den Schnee um das Auto herum, öffne die Tür auf ihrer Seite und löse den Sicherheitsgurt.

Die Autofahrt scheint sie schwerer gemacht zu haben, und schon auf halber Strecke zum Fluss muss ich eine

Pause einlegen. Ich setze mich auf den großen Stein, an dem wir immer Feuer gemacht haben, und ich habe das vage Gefühl, Ruß und Rauch zu riechen. Und während ich mit ihr in den Armen dasitze, als ob wir gemeinsam auf den Sonnenaufgang warteten, geht mir plötzlich auf, dass wir, die wir immer nackt zusammen geschlafen haben, dieser dunkelsten und geheimnisvollsten Nacht von allen nicht vollständig angezogen gegenübertreten können. Meine Finger haben gerade den obersten Knopf ihrer Jacke gefunden, als hinter mir ein Zweig bricht und ich erstarre. Zuerst denke ich, dass ein Elch zum Trinken ans Wasser gekommen ist. Dann höre ich deutlich Schritte, und ein Hund fängt an zu bellen. Jemand ruft einen Befehl, und ich drücke Elisas Gesicht an meinen Hals. Mein Herz hämmert dermaßen, dass ich es im ganzen Arm spüre.

»Entschuldigung. Ich wusste ja nicht, dass hier jemand ist«, sagt eine Stimme, und jetzt sehe ich einen Mann. In der grauen Dämmerung kann ich seine Züge nicht deutlich erkennen, aber sein Bart ist weiß, und er trägt eine Schirmmütze, wie sie niemand in meinem Alter aufsetzen würde. Der Mann reißt am Halsband des Elchhundes, der wieder losbellt. Ich weiß nicht, was ich sagen soll, aber da ich Elisa auf dem Schoß habe, gelingt mir nur die Andeutung einer Bewegung.

»Ich kann euch ja gut verstehen. Wir waren früher auch immer hier. Meine Frau meinte, den Fluss anzusehen, wäre wie zu verreisen, ohne verreisen zu müssen. Vor allem das Holz war ihr wichtig, damals, als noch geflößt wurde. Sie hat immer gesagt, der Sternenhimmel sei wie ein Wächter über die Einsamkeit der Toten, über den Mut der Jugend und über das Holz, das sich langsam über große Flüsse treiben lässt. Ich glaube, sie hatte das in irgendeinem Gedicht gelesen«, sagt er. Ich nicke, und diesmal ist meine Bewegung deutlicher. Elisas Nase fühlt sich kantig und steif an, wie ein Vogelschnabel an meinem Hals. Ich habe sie nie so kalt erlebt, so durch und durch verfroren. Bitte, geh doch endlich, denke ich.

Wieder bellt der Hund, und der Mann reißt so energisch am Halsband, dass die Vorderbeine des Hundes in die Luft gehoben werden.

»Raja. Sitz«, ruft er, dann sagt er ruhiger zu mir: »So benimmt sie sich fast nie. So ist sie nur, wenn wir auf dem Friedhof vor Marias Grabstein stehen, als ob sie Witterung genommen hätte. Bei den anderen Gräbern bellt sie nie. Jetzt lasse ich sie immer im Auto warten.«

»Sind Sie oft dort?«, frage ich.

»Nur, wenn ich etwas Neues zu erzählen habe. Aber jetzt will ich hier nicht mehr stören. Genießen Sie den Tag, er kommt nie wieder«, sagt er, und dann ist er verschwunden. Es wird jetzt hell, und ich bleibe reglos sitzen, bis ich sicher bin, dass er wirklich gegangen ist. Dann greife ich wieder nach deiner Jacke, aber meine Finger sind taub geworden. Ich lasse dich auf meinem Schoß ein wenig tiefer rutschen. Dein Gesicht ist so offen, als hättest du keine Fragen mehr. Ich greife nach dir, und obwohl ich weiß, dass du fort bist, gibt es mir eine Art Trost, deine baumwolldünnen Haare an meiner Haut zu spüren. Unsere Tage, unsere Abende. Als ob die alle verschwunden sind, oder nicht? Dein Kopfabdruck auf dem Kissen. Deine Zahnbürste, die im Badezimmer den Kopf an meine lehnt. Dein fruchtiger Duft, der noch immer dort sein wird, wenn ich die Schlafzimmertür öffne. Unsere Kleider, die nebeneinander im Kleiderschrank hängen. Deine Rosen, die im Garten verwelkt sind. Die Regenschirme im Ständer neben der Haustür. Die Spülmaschine, die ich gestern aus Versehen nicht ausgeräumt habe. Die Gläser und Tassen, die noch immer deine Lippenspuren tragen. Die Bilder. An den Wänden und im Album. Alle, die ich im Kopf habe. Alles, was wir waren und nie geworden sind. Unsere Mädchen. Die Mädchen unserer Mädchen. Die Art, wie du in den kleinen Dingen weiterleben wirst.

Wir geraten in den morgendlichen Stoßverkehr in Richtung Stadt. Ich versuche, im Radio etwas zu finden, das uns beiden gefallen würde, aber es gibt nur Rauschen. Also singe ich dir etwas vor. Langsam, als ob es das Unaufhaltsame doch aufhalten könnte. Der Kies knirscht unter dem Schnee, als ich auf den Hofplatz fahre und dir zum letzten Mal aus dem Auto und ins Haus helfe. Die Treppe hoch geht es leichter als hinunter. Ich mühe mich damit ab, dich auszuziehen. Ich streiche die Falten im Hosenanzug glatt und hänge ihn ordentlich in den Schrank. Suche dein altes Nachthemd heraus und streife es dir über. Dann lasse ich meine Unterhose und mein T-Shirt auf den Boden fallen, ehe ich die Mädchen und den Krankenwagen anrufe. Deine Hand auf der Bettdecke, wie ein Vogel ohne Flügel. Ich nehme sie in meine und halte sie, bis der erste Wagen vor dem Haus bremst. Dann ziehe ich mich langsam wieder an. Im Spiegel an der Schlafzimmertür sieht es aus, als ob du ein bisschen länger schlafen wolltest.

Tomas Tranströmer

Schneeschmelze

Die Morgenluft gab ihre Briefe ab mit Marken, die
glühten.
Der Schnee leuchtete, und alle Bürden wurden leichter –
ein Kilo wog 700 Gramm, nicht mehr.

Die Sonne war hoch überm Eis, auf der Stelle fliegend,
sowohl warm wie kalt.
Der Wind ging sachte voran, als schöbe er einen
Kinderwagen vor sich her.

Die Familien gingen aus, zum ersten Mal seit langem
sahen sie offenen Himmel.
Wir befanden uns im ersten Kapitel einer sehr starken
Erzählung.

Der Sonnenschein haftete an allen Pelzmützen wie
Blütenstaub an den Hummeln,
und der Sonnenschein haftete am Namen WINTER
und blieb daran, bis der Winter vorbei war.

Ein Stilleben aus Baumstämmen im Schnee machte
mich nachdenklich. Ich fragte sie:
»Kommt ihr mit in meine Kindheit?« Sie antworteten:
»Ja.«

Drinnen im Dickicht war ein Gemurmel von Worten
zu hören in einer neuen Sprache:
die Vokale waren blauer Himmel, und die Konsonanten waren schwarze Zweige, und sie sprachen so
leise über den Schnee.

Doch das Düsenflugzeug, das in den Röcken seines
Getöses knickste,
machte die Stille auf der Erde an Stärke zunehmen.

Schneeschipptipp 7

Das beste Gerät, um Rückenschmerzen zu vermeiden, ist eine Schneefräse.

Ulrike Draesner

Heimatschnee

Die Landschaft ist das erste Bild, das uns – auch unbewusst – schon im Kindesalter existentiell infrage stellt. Wir stellen das vergängliche Material unseres Körpers einer Landschaft zur Verfügung.
Herta Müller, *Mein Vaterland war ein Apfelkern. Ein Gespräch, S.* 17

Wenn meine Mutter das Dorf betritt, springt die Sprache um ihre Zähne. Über das Dorf geht die Wilde Jagd, der Oachkatzlschwoaf schnellt durch die Bäume. Immer einzeln, immer nur er. In Wirklichkeit betritt meine Mutter das Dorf nicht, sie lässt sich hineinfahren. Am Steuer sitzt mein Vater, im Fond sitzen wir. Das Wort Oachkatzlschwoaf habe ich nie aus dem Mund meines Vaters gehört.

Das Auto ist grau, silbern oder blau und trägt ein Kennzeichen aus der Stadt. Mutter trägt Farbe im Haar. Ihre Schuhe passen nicht zu dem Herd in Dorf-Omas Haus, nicht zu der Bank um den Tisch. Sitzender, moosiger Geruch. Die Erde unter dem Haus ist dem Haus nah. »Dorf« ist eine Weise, auf der Erde zu stehen, die die Erde nachts ins Haus lädt.

Ich schwinge am Gartentor, jemand ist tot. Es könnte sein, dass das Tor quietscht. Lateinische Konjugation, Grammatikbuch, Kopf. An das Dorf bei Schnee kann ich mich nicht erinnern. Selbstverständlich habe ich es bei Schnee gesehen. Die winterlichen Berge ein Glasscherbenzaun, starr in den Himmel gekratzt. Schneegänge im Wald, das Knirschen der Schneedecke unter den Füßen, das »Einbrechen« hieß. Es zeigte, dass man lebendig war.

Vater sagt, das Knirschen von Schnee könne er bis heute nicht hören, ohne sich zu erinnern. Ich finde Erinnern nicht schlimm. An den Anfang des Erzählens von Heimatschnee erinnere ich mich nicht. War es schon immer da, wie der einzeln für sich, ohne Hörnchen, durch die Äste springende Eichhörnchenschwanz? Dieser Quirl?

Mutter sagt: »Eichhörnchen ohne Schwanz gibt es nicht.«

Sie hat keine Ahnung oder lügt.

Auf dem Weg ins Dorf haben wir eines gesehen. Mein Bruder schrie, wir fuhren an der Stelle vorbei, an der die Eichhörnchen sich vermehren: Sie wissen alles über uns und erzählen meinem Bruder, was er nicht tun darf, aber tut.

Mir erzählen sie nichts, weil ich nicht an sie glaube.

Ich nehme an, dass Mutter lügt.

Vaters Heimatschnee liegt, weiß und knirschbereit, waldig im Wald, durch den Vater in einer Januarnacht flieht. Minus 21 Grad, drei Menschen, drei durchweichte Pappkoffer, schwer am Arm, kaum Atem, kein Licht. Jeder Schritt mühsam, der Weg fast nicht mehr auszumachen, »ausgemacht«, sagte Vater, von zu Hause weggemacht, eine Nacht-und-Nebel-Aktion, die tags begann, 19. Januar 1945, blitzende Kälte, blauer Himmel, sagte Vater, seine Mutter habe geglaubt, wenn es so aufklare, werde es Russen schneien statt Schneeflocken, russische Kugeln, russische Bomben schneite es schon. Nachts im Wald, zu dritt, das Schwanken, Torkeln, Langsamsein, sagte Vater, nachts im Wald das einsinkende, rutschende Gehen, der erste Zusammenbruch. Glücklicherweise nur der Wagen, in dem Nachbarn sie mitgenommen hatten, einige Kilometer vor Breslau gab der Holzvergaser auf, der Fußmarsch dann. Durch den Schnee hindurch griffen klamme Finger nach ihnen, wie um sie festzuhalten, dort, in der Heimat, sagte Vater, nachts im Wald kein Nebel, nur aufstäubender Schnee. Ausnehmend klar die tief herabhängenden, beladenen Äste der Fichten und Tannen, einmal die aufgewühlte Erde einer Lagerstatt, Wildschweinspuren quer über den Pfad, das sehe er noch. Und höre dies: das Atmen von Mutter und Bruder hinter ihm, ihr Keuchen, das Schleppen, nein, sagte Vater, Erschleppen des Gepäcks, der wenigen aufgeschnallten Decken, in das unversehens ein schreckliches, knackendes Kichern fahre, das Knirschen der Schneedecke unter dem kriegsschlechten Schuhwerk, den bereits tauben Zehen.

Vaters Heimatschnee, der, sobald Vater träumte, waldig bereitlag und knirschte, umgaben warme Geschichten. Sie enthielten:

- Exakt einen Dackel, der der Familie in die Schlosskirche nachlief zum Weihnachtsgottesdienst. Seine Nase in den Fußstapfen im Schnee. Er trat durch die Kirchentür, tappte auf dem roten Teppich nach vorn. Oma, Vaters Bruder und Vater saßen in der zweiten Reihe. Vaters Mutter schämte sich bereits jetzt. Der Dackel hielt inne, winkelte die rechte Vorderpfote in die Luft und witterte. Ein verständiges, seidiges Tier »in der Blüte seiner Jahre«, sagte die schlesische Großmutter hier gern. Diese dunkelbraunen, aus der Tiefe seeblauen Augen. Vor dem Dackelschwanz ging ein Dackel im Kreis. Die Spuren der vielen Menschen in der Kirche verdeckten die Spuren der Familie. Er verbeugte sich vor dem Altar, kehrte um, wartete später zu Hause vor der Wohnungstür, den Schwanz sorgsam unter den zarten Dackelbauch gerollt.
- Einen Eislauftanz in der Oderarena, bei dem Großmutter den Mann kennenlernte, den sie nicht heiratete.
- Den Dutt der schlesischen Oma, ihrer Schwester und meiner Urgroßmutter, drei Mal fluffiges, blondes Familienhaar.
- Eine Jagdbüchse, die immer schmerzlos traf.
- Ein Kaffeekränzchen, bei dem gehäkelt und getratscht wurde, sagten die Männer; bei dem gehäkelt und geschwiegen wurde, sagten die Frauen. Und Emil, das Kind zu Omas Füßen, das niemals etwas sagte, das Staub von einer Flasche in eine andere kippte, Staub, den niemand außer Emil sah.

Auch ich wollte Eislaufen, ich wollte jemanden kennenlernen. In dem Augenblick, in dem mir das einfiel, wurde ich elf Jahre alt. Mit elf schrieb mein Vater einen Aufsatz mit dem Titel Stukas über Moskau. Bestimmt kam Schnee darin vor. In Moskau kommt sehr viel Schnee sehr lange vor. Aber vielleicht erfand Vater eine Moskau-Sommergeschichte. Stukas über Moskau im Sommer. Tatsächlich traute ich Vater zu, dass er eine Moskau-Sommergeschichte schrieb und sonst nichts. Auf den Aufsatz bekam er eine Eins. Die einzige seiner Schulzeit. Den Schnee hob er sich für zu Hause auf.

Ganz gewiss.

Schlittschuhe gab es nicht. Am Wochenende »fahren wir nicht aus der Garage heraus«. Jedes Mal, wenn Vater das sagte, sah ich uns zu viert im Auto in der dunklen Garage sitzen und nicht fahren. Vater baute eine Mauer um sich und das Haus. Sein Haus. Oder sein und Mutters Haus. Dass dieses Haus »Elternhaus« hieß, musste fiese Absicht sein. Es war, als wohnten die Kinder nicht darin. Das Wort war der Schwanz eines Eichhörnchens, das ohne Hörnchen, allein für sich, durch die Äste sprang.

Jedes zweite Wochenende schaukelte das Auto einen Hügel hinauf vorbei an der Mühle, in der Karl der Große geboren worden sein sollte. Eine Mühle, die, sagte Mutter, schon lange keine Mühle mehr war. Mein Bruder und ich sahen einander an: so lebten nur wir. An dem einen Wochenende in einem Auto, das in der Garage stand, weil der Weg, den es fahren sollte, sich nicht finden ließ.

An dem anderen Wochenende an einer nichtexistierenden existierenden Mühle vorbei auf dem Weg in ein bayrischen Dorf, in dem Dorf-Oma in einem Herrgottswinkel sitzt, der sowohl in der Bank vorkommt als auch in dem Herrgott über ihrem Kopf, so krumm hängt der am Kreuz. So lebten wir: mit dem einen Bein auf der Erde, zwischen Fichtenrauschen und Himmelschleierziehen, bei moosigen Dotterblumen und kauenden Kühen, mit dem anderen auf Großvaters Teppich in einer halbdunklen, immer kühlen Stadtwohnung, zwischen Fotos von Dackeln, Schlössern und schlesischem Wald, zwischen »Oachkatzelschwoaf« und »Schnakala«. Etwas rieb, vertrug sich nicht, rieb sich an uns. Schief wuchsen wir ein, weder Teil von Vaters Schneeleben noch Teil von Mutters »Zu-Hause-ist-es-am-schönsten«, hineingeboren in alles, zugehörig nirgendwo.

Knapp vor der Einfahrt ins Dorf lag der Dorffriedhof, Hügel 1. Auf Hügel 2 sammelte das Dorf seinen Müll. Ein Hügel wuchs nach oben, der andere nach unten.

Auch im Sommer waren die Berge, die man vom Dorf aus bei jedem guten Wetter sehen musste, schneebedeckt. Einmal wurde hingefahren und gewandert. Knapp unter dem Schneegipfel des Wanderberges saß eine Familie in der dunklen Hütte. Jeder hielt eine Gabel in der Hand. In der Mitte des Tisches stand eine Schüssel mit angestoßenem weißem Rand. In der Schüssel schwammen Knödel. Vielleicht war es auch eine Suppe. Die Bäume vor der Hüttentür wuchsen viertelhoch. Die Familie war so dunkel wie das Licht, das in der Hütte schwamm. Die Schüssel glänzte, ebenso ihr angeschlagener Rand. Es wurde nicht gesprochen. Wo man nicht spricht, sind Gefühle nicht da.

Es passierte in einem Blumenladen. Die Blumen waren saftig, man schrieb Muttertag. Zu einem Muttertag, der immer im Mai liegt, sind Blumen saftig, um folgsam zu sein. Die Männer, die im Muttertag standen, schoben sich in der Warteschlange für Saftblumen vor mich. Immer ein neuer Mann. Als die Verkäuferin sagte: »Jetzt kommt erst mal die Kleine dran«, wurde ich eine blöde Kuh. Ich rannte hinaus, als wäre der Teufel hinter mir her. Dorf-Oma schrie manchmal nach ihm: »Der Teufel!« Dann hatte sie wieder einen neben dem Herd gesehen. Er sprang, musste ich glauben, über die Wand. Wie klein war er denn? Ich konnte ihn mir nicht vorstellen, aber Dorf-Oma war bleich.

Noch im Laufen brach ich in Tränen aus. Ich schämte mich. In mir brach eine Wand zusammen, eine ganze Garage.

Anders als Vater, der Flüchtling, kannte ich, nicht Flüchtling, den Heimatschnee nicht, obwohl es dort, wo ich aufwuchs, genug Schnee gab, überreichlich Schnee, sogar Sommerschnee. Als ich in den Wanderbergen lernen sollte, wie die Erde sich immer wieder verfaltet und Wege verschluckt, stellte ich mir nicht vor, wie es geschieht.

Später dachte ich mit Hilfe eines Buches, dass es zwei Typen von Menschen gibt. Selbstverständlich gibt es weit mehr Typen von Menschen, aber es war praktisch, alles in zwei zu teilen. Tatsächlich öffnete mir das Buch, das von Flüchtlingen sprach, ohne es zuzugeben, die Augen. Endlich fand ich mich als Typus wieder. Ich war erleichtert. Ich war eine, die sich, beim Hinaufsteigen auf einen Berg schon, und wie erst auf seinem schrecklichen windigen Gipfel, in die Unendlichkeit verlor und immer noch zufälliger wurde als sie es sowieso schon war.

Zufällig steckte ich in Schnee fest. Welcher Typus ich war, blieb unklar. Mutter war nahe der Berge zu Hause, für Vater sprang ein Oachkatzlschwoaf durch die Äste, ohne Hörnchen, ganz allein. Ich war als Kind eines Flüchtlings, so ein Gesetz aus den 50er Jahren, selbst ein Flüchtling. Doch wusste ich das lange Zeit nicht und es war ja nur ein Gesetz. Auch wenn es ein Gefühl traf. Sofort schämte ich mich erneut: Ich war eine Flüchtlingsusurpatorin, Flüchtlingsparasitin, Flüchtlingsräuberin. Auf mir saßen Flüchtlingsgefühle, die nicht die meinen waren, also einem anderen gehörten.

Mir aber auch.

Das war ein Teil des Problems.

Der andere: Hätten sie nur auf mir gesessen. Sie saßen in mir drin. Mutter wusste nicht, wovon die Rede war, sie hatte wirklich nicht die geringste Vorstellung, den blassesten Schimmer. Als ich ihr gestand, dass ich mich fürchtete vor Schnee, Sirenengeräuschen und Strahlen, die über den Nachthimmel gleiten, dass ich in meinen Träumen Pappe zuschnitt und es in Moskau auch im Sommer schneit, schaute sie mich an, als sei ich soeben vom Himmel auf ihren Küchenstuhl gefallen. Die ihr mit elf frischen Jahren fertig zugelieferte Tochter. Dabei sagte ich nicht einmal, dass Vater mir in einem Wald durch Knirschschnee voranging, ich ihm, der schlesischen Oma und Emil folgte. Dass Emil Schnee in eine Flasche füllte, die er vor sich hertrug, dass Oma und er miteinander tuschelten, sich aneinander lehnten. Der Schnee wuchs uns die Waden hoch, und Emil, der hinkende Emil, schüttete unablässig Schnee von der einen Flasche, um in die leere in der anderen Hand.

Emil, der leuchtete wie Staub.

Mutter sagte: »Du musst zum Psychologen, wovon redest du.« Der Psychologe war in Mutters Haus, das ohne Eichhörnchenschwanz auf der Erde saß, damit die Erde nachts nicht eindrang, der Lichtschalter. »Der berühmte Lichtschalter«, rufe ich mir leise zu, so wie ich rufe, »säßen die Erinnerungen, die mir gehören und nicht gehören, säße Vaters Schnee nur auf mir statt in mir..«

Welcher Typus ich war, wozu ich gehörte, musste herausgefunden werden. Dafür mussten die nächsten 40 Jahre vergehen. Hätte ich gekonnt, ich hätte mir da auf dem Holzstuhl in der Küche aus der Zukunft zu Hilfe eilen müssen. Ich war ein Halbflüchtling, keineswegs eine Halbwaise. Bestenfalls (bestenfalls!) eine Halbheimatwaise. Zweibeinerin, gewiss. Doch halb halb: ein Luftwurzel-, ein Erdwurzelbein.

Vater ein Flüchtling nach Recht und Gesetz, Mutter eine Einheimische (Ein-heimische!).

War ich eine Zweiheimische?

Trug ich, mit diesem Wort, endlich, ein Lächeln in dem Winkel am Mund, der mir gehörte? Ein Ziel?

Auch Mutters ältester Bruder hatte Richtung Flüchtling geheiratet. Ein Flüchtlingsmädchen. Das war angesichts des Frauenüberschusses nach dem Krieg nicht nötig, sagte Dorf-Oma. Bei Mutter sah die Lage angesichts des Männermangels nach dem Krieg anders aus, vielleicht. Ein Flüchtling hatte zwei Beine. Immerhin! Das sah ich ein. Die Frau des ältesten Bruders meiner Mutter trieb die Anpassung sehr viel weiter als mein Vater. So wurde der Bruder als Flüchtlingsheirater allmählich vergessen, so hatte Mutter ein Ziel.

Sie hörte etwas knirschen, nachts. Das war nicht schön. Fast war es unheimlich. Meine Mutter nahm an, dass das Knirschen aus mir kam. Damit es nicht aus Vater kam. Du knirschst mit den Zähnen, sagte Mutter. Der eine Typus steigt auf Berge und weitet mit jedem Atemzug die Brust. Er spürt das Schöne des Ausgesetztseins, das Erhabene. Mutter behauptete, sie wisse das genau. Der andere Typus weiß, dass er nachts mit dem Mund auf Erinnerungen kaut, die dem Vater gehören. Sie schmecken salzig, hart. Manchmal schmecken sie nach Glas.

Wer ist der Reiche, wer der Arme, frage ich die vier Gestalten, die jedes Wochenende, das nicht dem Dorf gehört, im Dunkel der Garage im Auto sitzen und nicht sprechen, denn wo keine Sprache ist, ist das Gefühl an jedem keine Behinderung. Der eine steht gern mit den Füßen dicht unter den Wolken und beherrscht das Tal, mit dem Kopf, mit dem Blick. Der kriegt auf dem Berg einen freien Atem, der hat das Gut. Die anderen fühlen sich, als würden sie gleich hopsgehen – dummes, überflüssiges »hops« vom Berg herab. Lächerlich.

Beim Abstieg rollten mir die Kiesel der Eiszeit um die Knöchel. Die Augen der Kühe holten mich zurück. Wenn Schnee vorm Fenster fiel, wie in der Schneekugel, das mochte ich. Mochte die Sprache des Dorfes, wenn sie zuging auf Schnee. Weihnachten im Dorf war etwas Richtiges. Ich erlebte es nicht oder löschte es aus Versehen.

Darüber lag das Knirschen des Vaterschnees. Vater hörte es und sagte, dass er es hörte. Wenn er es nicht sagte, wusste ich, dass er es hörte und nur nicht sagte, woran er dachte. Vaters großer weicher Mund biss in eine Scheibe Brot, nach drei Bissen war sie weg. Wie ein Abguss beim Zahnarzt sah der Abdruck seiner Zähne aus, in Leberwurst, Butter und Teig.

Wie ein Zaun.

Einen Zaun vor dem Haus gab es nicht. Schneekappen auf Zaunpfählen gefielen mir. Sie schenkten dem Zaun einen Kopf. Vater züchtete hinter dem Haus Bäume, die rasch in die Höhe schossen zu einem Wald, in dem Schnee auf die Äste drückte, sowie eine Mauer, auf deren Krone nichts lag, weil sie keine Krone bekam.

Die Stille im Garten durfte niemand betreten. Nur so blieb der Schnee unschuldig und weiß, allein für sich. So ein Schnee starrte Vater an, verriet aber nichts.

Nachts schrien die Marder vom Sommer, erschreckt von der Helligkeit des Schnees. Sahen sie sein Weiß, waren sie im Winter aus dem Winter erwacht. Mitunter bewegte der Schnee sich nachts. Er war es, der knirschte, nicht ich. Vater schlief über der Fläche dieses Schnees. In seinem Zimmer ertrug er nur weiße Blumen, Orchideen. Abends biss ich in Brot, als wäre ich beim Zahnarzt. Vater trank Pfefferminz- oder Hagebuttentee.

Sie hatten kein Gefäß dabei. Die erste Station nach fünfzig Kilometern. Man versammelte sich an einem Busparkplatz. Es gab keine Busse, aber Kaffeeersatz für jeden. Oma, Emil und Vater hatten kein Gefäß dabei. In diesem Augenblick verstand ich, sagt Vater, was geschah. Wer wir nun waren.

Eine Frau, die fünfundvierzig Jahre später davon erfuhr, sagte: »Da waren wir schlauer.«

Sofort hörte ich das Knirschen von Schnee. Wer darauf achtete, hatte schon wieder etwas verloren. Vater baute Mauern, die man nicht sehen sollte, weil man sich doch in Wirklichkeit, im besseren Ich, danach sehnte, ohne Zäune zu leben. Jahrzehntelang hielt ich die Zaunablehnung meines Vaters für Weltöffnung, ein Hoffnungszeichen, bis ich verstand, dass sie »fliehen können« bedeutet. Zäune stören bei einer Flucht.

Vater lacht. Es ist so viele Jahrzehnte später. Er nimmt ein Medikament gegen Depression. Ich habe mit ihm ein Wochenendseminar für Kriegskinder und Flüchtlinge in Heidelberg besucht. Seither erinnern wir beide uns besser nicht daran, wie Vater auf die Marder schoss mit dem Luftgewehr, das im Schrank hinter den Krawatten hing. Ich glaube nicht, dass er traf. Ich hoffte, dass ich einen neuen Vater bekäme, als ich ihn an der Mauer am Ende des Gartens weinen sah. Der Schnee in seinem Garten machte Geräusch, selbst wenn er fiel. Die Kristalle strichen die Luft. Im Schnee standen Kerzen, sie leuchteten Richtung Osten und zu den Toten.

Schnee ohne Geräusch war, was ich suchte. Wir mussten einen blauen Fleck auf das leere Papier setzen, aber ich malte einen Zaun, nicht den Bagger, den der Lehrer verlangte, einen Zaun, nicht den Aushub, der bei den anderen aus dem blauen Fleck in den Himmel wuchs.

Hätte Mutter mich überraschend gestreichelt, ich hätte es nicht als Streicheln empfunden. Still saßen wir am Tisch. Der Hund, ein Dackel, atmete an das Heizungsrohr in der Wand gelehnt. Ob Schnee im Garten lag oder nicht, konnte man hinter den Rollläden nicht sehen, nur fühlen. Nach der Arbeit ging Vater Spuren ab: Katzen und Marder, Ratten, Vogeltritte auf Weiß.

Man selbst konnte in den Schnee nur als Tier hinaus.

Die Tiere kamen nachts in den Träumen. Ich stellte mir mich selbst vor, mit anderen Eltern. Der Schnee steckte Vater in den Ohren. Der Dorf-Oma wuchs Gott ums Handgelenk als hornige Stelle vom Rosenkranz.

Vater wuchs das Wort »alleenig« um den Fuß. Auf dem Speicher des Elternhauses fand ich einen Koffer, der den Koffern aus meinen Vaterträumen glich. Er war aus Pappe. »Ausgemacht«. Pappkoffer, acht Kilo. Erschrocken sah ich das Ding an. Aus einer Gespensterwelt herbeigeschwebt, als hätten die weißen Kerzen ihn geholt.

Seither fällt Schnee vom Speicher und vom Himmel, von jetzt und damals zugleich.

Ich wollte Vater zum Vatertag etwas schenken, das nichtknirschendem Schnee glich und fand einen Bildschirmschoner, in dem Aquariumsfische umeinander schwammen, bunte, lautlose Flocken. Auch ganz weiße waren dabei. So nah kam Vater zu sich selbst, zu mir, dass er noch Jahre nach dem Geschenk sagen konnte, welche Freude es gewesen war.

Die Müllhalde im Dorf ist geschlossen, der Parkplatz klein vor dem Friedhof, auf dem all jene liegen, die sich hier nach dem Krieg trafen und mir diese Haut machten, in die ich als Kind wuchs. Was mir an Schnee gefällt, kann man nicht malen. Schnee, der, wenn er damit fertig ist, aus den Wolken zu schneien, von Bäumen tiefer herabschneit.

Den Wacholderbusch an Vaters Stein drückt er nieder oder richtet ihn auf. Als Kind wusste ich nicht, wie man einen Weihnachtsbaum malen soll: mit den Ästen nach oben oder nach unten. An Bäumen unter Schnee ist beides wahr.

Wer eine weiße Mütze trug, war ein Kind, das etwas vergessen wollte.

Ich ziehe Handschuhe an, gehe den nächsten Zaun entlang, streiche ihm die Kappen ab. Allein für sich stäubt jede auf, eine Wolke, ein Eichhörnchenschwanz. Und sinkt, eine geringe Wehe aus Schnee, weiß auf weiß, auf sich selbst in einer größeren, weniger dicht zusammenhängenden Form.

Sven Lindbäck

Schneeschipptypen
Über Schieber und Schaufler oder: Schneeschippen ist Ästhetik

Bei uns wird im ganzen Land Schnee geschaufelt, am meisten natürlich im Binnenland und im Norden. Wahrscheinlich tun wir Norweger dies seit der Steinzeit, noch dazu mit Werkzeugen, die sich im Lauf der Jahrtausende kaum verändert haben. Leider wissen wir sehr wenig über die Schneeräumtechniken unserer Vorfahren, da Historiker dieses Thema links liegen ließen. Auch Soziologen und Anthropologen haben das Schneeschippen als gesellschaftliches Phänomen eher ignoriert, obwohl es unsere Kulturgeschichte wesentlich geprägt hat. Eine Stichwortsuche im Katalog der Nationalbibliothek ergibt klägliche 0 Treffer. Demnach hat die akademische Welt das Thema bisher schändlich vernachlässigt.

Im Lauf meiner Kindheit wurde mir allmählich klar, dass die Wahl der Werkzeuge und die ästhetische Gestaltung der Schneelandschaft viel über die Persönlichkeit des Schneeschauflers aussagt. Mir fiel auf, dass mein Großvater und mein Vater zwei völlig verschiedene Archetypen repräsentierten. Innerhalb jedes Archetypus gibt es unterschiedliche Persönlichkeiten. Grob betrachtet lassen sich die Schneeräumer in die beiden Hauptgruppen »Schieber« und »Schaufler« einteilen.

Mein Vater gehörte dem ersten Typus an, genauer gesagt der Unterart der *rationalistischen Schneeschieber*. Dieser klassische Schneeschieber glaubt fest daran, dass der Mensch von rationalen Entscheidungen gelenkt wird. Er ist stets beherrscht und zuverlässig und neigt zum Systematisieren, zu Ordnung und geraden Linien. Fast alle Schneeschieber sind emotional stabile Menschen, die sich nicht von Gefühlen leiten lassen. Ihr System ist kühl, kalkulierend und vernünftig. Gerade Linien, kubistische Formen und die sinnvolle Verteilung der Schneehaufen erfüllen den rationalistischen Schneeschieber mit tiefer Freude und Zufriedenheit, wenn er sein geräumtes Grundstück betrachtet. Trotzdem ist der eigentliche Prozess des Schneeräumens für ihn am wichtigsten: die Umsetzung eines vernünftigen Systems zur Beseitigung des Schnees.

Der Schneeschieber plant seine Tätigkeit bis ins kleinste Detail und wirkt bei der Arbeit deshalb introvertiert und wenig sozial. Dies sagt aber nicht unbedingt etwas über seinen allgemeinen Charakter aus, denn wenn er nicht Schnee schaufelt, kann er durchaus gesellig und gesprächig sein. Wenn Sie ihn jedoch mit Small Talk bei der Arbeit stören, kann der rationale Schneeschieber sogar wütend werden. Kommen Sie ihm also nicht mit leeren Worten über das Wetter, sondern sprechen Sie ihn direkt auf seine Arbeit und deren Herausforderungen an. Dann kann er auftauen und plötzlich mitteilsam werden. So bekommen Sie unter Umständen nützliche Tipps über Werkzeuge, Räumtechnik und das Anlegen von Schneedepots.

Pragmatische Schneeräumer. Der Pragmatiker wählt sein Werkzeug den Umständen entsprechend und benutzt auch Schaufel, Schneespaten und andere kleinere Werkzeuge, wenn es die Lage erfordert. Wie beim Schneeschieber ist auch seine Arbeit im Ergebnis meist rechtwinklig und kubistisch, doch in seinem Fall drückt dies keine ästhetische Präferenz aus. Wenn die Form des Grundstücks rechte Winkel verlangt, produziert er rechte Winkel. Der Pragmatiker gibt sich meist extrovertiert und sozial. Er möchte auf seinem Hof für Ordnung sorgen, ist aber weniger daran interessiert, sie stets nach demselben Plan zu schaffen. Weil die geräumte Fläche durch das Werkzeug geformt wird, benutzt er gern Schneeschaufeln. Pragmatiker sind zu Kompromissen bereit und nicht auf ein Instrument fixiert. Die optimistischsten unter ihnen gehen zu Schneefräsen über, womit sie ihre Zunft verlassen. Die Fräser haben zwar dieselbe Vorliebe für klare Linien, aber es ist ihnen egal, dass der ausgeblasene Schnee eine ziemlich unordentliche Extrareihe verursacht. Der Fräser ist also ein pragmatischer Schneeräumer, der die Selbstbeherrschung verloren hat, er ist zum motorisierten Schneeräumer geworden.

Romantische und naturalistische Schneeschaufler. Wer die Schaufel als Hauptwerkzeug wählt, hat einen ganz anderen Einfallswinkel als der Schneeschieber. Der romantische Schaufler steht im Einklang mit der Natur. In seinen Augen darf der Mensch die Natur nicht unterdrücken, sondern sollte ihr dienen. Der Schaufler folgt der natürlichen Topographie und passt ihr seinen notwendigen Eingriff in Form, Funktion und Komposition an. Deshalb ist er der Romantiker unter den Schneeschippern. Als Typ ist der Schaufler gefühlsbetont, optimistisch und impulsiv. Er fühlt sich wohl im Schnee und kann stundenlang in der Kälte arbeiten, selbst wenn die zu räumende Fläche nur klein ist oder wenig Schnee liegt. Er verwendet all seine Energie darauf, eine perfekte Harmonie im Einklang mit der Natur zu erzeugen. Abgerundete Ecken, formvollendete Schneehaufen und pfiffige Details bestimmen sein Werk. Büsche, Briefkästen, Mauern und andere Gegenstände werden integriert. Leider sind seine Ansprüche oft so hoch, dass sie sich kaum in die Tat umsetzen lassen. Deswegen kann der Schaufler aggressiv und labil werden, wenn milde Temperaturen, Regen oder Wind ihn daran hindern, seine Vision umzusetzen. Ist der Winter ihm jedoch wohl gesonnen, mit Neuschnee, leichten Minusgraden und lockeren Flocken in der Luft, dann ist der Schaufler gut gelaunt.

Obwohl der romantische Schaufler weniger Wert auf Systematik legt als der rationalistische Schieber, arbeitet er oft unbewusst nach Plan. So gesehen haben viele hingebungsvolle Schneeschaufler autistische Züge. Sie bleiben ihrem System treu und sind kaum in der Lage, von dem ästhetischen Muster abzuweichen, das sie einmal entworfen haben. Meist arbeiten sie in derselben Reihenfolge, mit denselben Werkzeugen und erreichen genau die gleichen Ergebnisse wie schon vor Jahren. Deshalb sind sie im Grunde wenig kreativ. Natürlich gibt es Ausnahmen. Sie gehören der folgenden Kategorie an, dem Adel unter den Schneeräumern:

Künstlerische Kombinations-Schneeräumer sind eine äußerst seltene Art. Sie vereinen die geraden Linien der Schneeschieber mit den weichen, runden Formen der naturalistischen Schaufler. Sie lassen sich von keinem System, sondern ausschließlich von ihrer Kreativität leiten. Die Wahl des Werkzeugs wird vom künstlerischen Ausdruck bestimmt, den sie anstreben.

Anarchisten hingegen schaufeln völlig planlos vor sich her. Sie werfen den Schnee in alle Richtungen, errichten etliche Schneehaufen und unterwerfen ihre Strategie höchstens den Schneeverhältnissen. Ist der Schnee leicht, können sogar sie ordentliche Kanten produzieren, ist er nass und schwer, verteilen sie ihn unachtsam über das ganze Grundstück. In der Stadt sind die Anarchisten in der Mehrzahl. Sie sind wagemutig bis draufgängerisch. Manchmal sieht man, wie sie sich in Pyjama und Morgenmantel auf riesige Schneemassen stürzen, doch ihr impulsives Räumen ist gesundheitsschädlich bis hin zum Herzinfarkt. Weil es so viele anarchistische Schneeschaufler gibt, warnen die Zeitungen jeden Winter vor dem Schneeschippen. Praktiziert man es jedoch auf vernünftige Art und Weise, beugt es dem Herzinfarkt eher vor. Die Alternative, überhaupt keinen Schnee zu schaufeln, sondern auf dem Sofa zu sitzen und Waffeln zu essen, während ein Gärtner die Einfahrt fräst, ist mit Sicherheit ungesünder.

Lutz Seiler

Fin de siècle

ich ging im schnee mit den nervösen
nachkriegs peitschen lampen im genick
über die wiener mozart brücke dort
hockte noch an einem strick ein müder
  irish setter er

war tot und wartete auf mich das
heißt ich band den strick
vom sockel des geländers und begann
das tier ein wenig hin & her
zu schwenken haut & knochenleichtes
glocken läuten schnee gestöber
  setzte ein ich sang

ein kleines lied über die donau hin
& z'rück (ich war ein kind) der tote
setter kreiste jetzt an meinem
rechten arm über die schöne
balustrade er rotierte
leicht & groß in das nervöse
nachkriegs lampen licht ein riss
am hals vertiefte sich ein pfeifen

kam in gang und seine steifen
augen schalen klappten
müde auf & zu: du

hättest die mechanik dieses blicks geliebt
und wärst noch einsamer gewesen
über dem schnee, der brücke & dem alten lied

Ellen Mattson

In der Schneestadt

Sie hat das Bett verlassen und sich an das kalte Fenster gestellt. Nicht weil der Mann weint, sondern weil sein Rücken an ihrem klebt. Die Kühle hilft, sie gibt ihrem Körper seine Kontur zurück.

Es hat angefangen zu schneien, und sie erinnert sich, dass es einen Geruch gibt, einen Schneegeruch. Und dass man am Ufer gehen und den Schnee in das graue Wasser fallen sehen kann, in graues, unbeschreiblich graues Wasser, das mit dem Himmel und den Anhöhen und dem grauen Winterlicht ineinanderfließt. Das Geräusch, wenn der Schnee fällt und verschwindet, ist es ein sanftes Rascheln? Ein Wispern, ein Murmeln? Ist es ein Laut oder eine Stille?

Es gibt keine Worte, die den Geruch von Schnee, das Geräusch von Schnee beschreiben können, keine Worte. Es gibt keine Worte für das, was etwas bedeutet. Behalte deine Worte, denkt sie.

Er sagt, sie sei teilnahmslos. Eine so umfassende Teilnahmslosigkeit sei krank.

Du sprichst nie mit mir.

Du gibst nichts.

Du brauchst keinen Menschen.

Wenn er es oft genug gesagt hat, glaubt sie ihm.

Unterdessen fällt draußen der Schnee, fällt, wirbelt umher, spielt, baut Häuser aus Schnee mit Balkonen aus Schnee, mit Dächern und Wetterfahnen, Spitzen, Türmen und Fontänen. Er baut eine Stadt aus Schnee auf einer Ebene aus Schnee, und dort ist sie zu Hause.

Er möchte, dass jede Leere gefüllt und jedes Schweigen gebrochen wird, die Kühle vorübergeht, allem ein Sinn entlockt wird. Er begreift nicht, dass es Räume gibt, die leer bleiben sollen, dass sie es leid ist zu sprechen, dass sie sich das ersparen möchte, was öffnet und verwandelt. Eine kahle Ebene, denkt sie, niemand wird dort leben außer mir. Niemand wird mich ansehen und ständig Fragen stellen, niemand wird mir folgen. Sie sieht einen Pfad im Schnee, so schmal, dass darauf nur Platz für ihre Füße ist.

Sein Körper ist massig, groß und blond, er hängt traurig unter der Decke. Ausgerechnet das, was er haben möchte, kann sie ihm unmöglich geben, und so ist es immer gewesen. Sie hat es versucht, die Worte wiedergekäut, sie gedreht und gewendet, sie hat gesagt, dass die Worte sie ekeln, dass sie wachsen und kleben, sie kleben wie schweißwarme Haut. Da gerät er außer sich vor Wut.

Was gibt es in deiner Welt?

Und sie presst die Nase gegen den Arm und nimmt nur einen schwachen Duft von Schnee, von Kälte, einen Duft von nichts wahr.

Was soll sie schreiben? Ich habe in der letzten Zeit? Ja. In der letzten Zeit ist mir eine Verantwortung bewusst geworden, für die Stille in mir. Sie nicht zu verraten, die weiße Ebene nicht zu vergessen. Sie breitet sich aus, du ahnst ja nicht, auf welch gewaltiger Fläche. Das schreibt sie in ihrem Schneebrief: Du würdest erfrieren. Niemand kann dort leben außer mir.

Ich wohne in einer Stadt aus Schnee. Sie liegt an einem grauen Meer. Tausend Flocken landen, rascheln, wispern, prasseln, schmelzen, sinken. Worte können das Geräusch nicht bewahren. Hörst du? Das ist nur der Wind. Keine Straßen sind so leer wie diese, nirgendwo läuten die Glocken so dünn und schneidend wie hier.

Dein Körper riecht nach Honig und Salz, Haar, Haut, Nägeln, Feuchte, Wärme, zuckrig klebrigem Speichel. Meiner riecht nach nichts. Mein Herz ist weiß, ich will nicht geliebt werden, nicht, wenn es mich daran hindert zu sehen, was da hintenliegt, die große, leere Ebene, auf der meine Spuren blau werden und im Licht der Winterdämmerung eindunkeln.

In deinem Raum gibt es Wärme und Freundlichkeit. Nähe, sogar Liebe.

Ja, sogar das.

Und trotzdem kannst du nicht?

Darauf antwortet sie nicht.

Jetzt muss ich, denkt sie, während der Schnee mit einem immer helleren Licht in das Zimmer kommt, jetzt muss ich zu einer Reise aufbrechen. Um zu erfahren, ob diese Stille auch noch andernorts als nur in mir existiert. Kann man das erklären? Lässt sich das überhaupt erklären?

Sie weiß, wann er einschläft, denn im selben Moment beginnt sie zu frieren. Er lässt los und gleichzeitig kommt die Stille, diese Stille, die sie so liebt, ein Flügel streicht über sie, es ist unbeschreiblich wunderbar. Gegen das Weiß des Herzens gibt es kein Heilmittel.

Sie atmet auf die Scheibe und schreibt: Ich will mich nicht verändern.

Schneeschipptipp 8

Gut Ding will Weile haben. *Der erste Schnee überrascht uns jedes Jahr. Stressen Sie sich nicht zu sehr, das kann Ihre Gesundheit gefährden. Nehmen Sie sich Zeit beim Schneeschaufeln.*

René Jean Jensen

Eine Ahnung weniger

Eine Ahnung weniger, aber auch
nur eine. Der Nachmittagsschnee
ist rötlich. Das ergibt mehr
Sinn als dieser braune Matsch. Es
ist wohl auch eine Art Puzzlespiel
das man bezeugt. Die Flocken
zickzacken auf dieselbe Weise
wie Menschen unter Beschuss.
Die Masten klicken im
Yachthafen. Vor dem
Stadion versuche ich das Ergebnis
an den Gesichtern der Fans abzulesen.
Ein knapper Sieg, folgere
ich. Es war ein 4:0. Wer sagt
Geschwindigkeit hätte etwas mit
Chaos zu tun? Der Gedanke ging viel zu schnell
und konnte die Worte nicht mitschleppen. Der
Schnee hat
zu rieseln aufgehört, aber ich warte
nicht, bis er taut. Die Stadt
ist so großzügig, wie ich es
gern wäre.

Sven Amtsberg

Hamburger Weißheiten

Heute hat der Inuit 100 Wörter für Schnee, und der Hamburger hat 100 Wörter für alles und nur eins für Schnee, nämlich Schnee. Dabei war es doch der Hamburger, der vor vielen Jahren den Schnee erfand.

Denn Hamburg, das war nicht immer diese städtebauerische Perle, die es heutzutage ist. Hamburg – da müssen wir uns nichts vormachen – war vor vielen Jahren einmal ein recht unansehnlicher Ort. Dazu noch sehr langweilig. Pinneberg, Elmshorn, ja, da schien das Leben zu toben, während in Hamburg so gut wie nichts geschah. Kamen Fremde, gab es deshalb kaum etwas zu erzählen oder zu besichtigen. In ihrer Not begannen die Hamburger zu singen und zu schunkeln, wurde man irgendwo einer Person gewahr, die auch nur ansatzweise fremdländisch aussah. Meist machte das alles nur noch schlimmer. Es kamen immer weniger Touristen, und die, die kamen, rieten meist denen, die noch nicht hier gewesen waren, davon ab. Berlin, hieß es dann immer, ja, ja, Berlin. Aber Hamburg, ach, nee.

Damals schon lebte Hamburg hauptsächlich von den Touristen, die, wie heute auch, uns ernähren, in dem sie uns den billigen Tinnef, den wir daheim zuhauf anfertigen – die Landungsbrücken aus Pappmaché, aus blauen und weißen Streifen zusammengenähte Matrosenmode, aus Schweinespeck gefertigte Robbenbabys –, sowie unsere sogenannten Hamburger Spezialitäten – Labskaus, Moppelstippe, Schrubbelbarg – abkaufen und verköstigen. Würden die Touristen wegbleiben, wir alle müssten mit einem Mal arbeiten gehen. Ich meine, richtig arbeiten gehen. Genauso war es damals. Kein Wunder also, dass man alles versuchte, um Touristen in die Höhle Hamburg zu locken.

Anfangs schloss man sich mit anderen unansehnlichen Städten wie Lübeck oder Rostock zusammen, zu einem Verbund namens HANSE – eine Abkürzung für Hässliche aber naturverbundene Städte Europas – weil man hoffte, man könne als Summe über die Unansehnlichkeit der einzelnen Teile hinwegtäuschen. Trotzdem kam weiterhin kaum wer, und wenn doch, so waren es meist Rostocker, die sich Hamburg ansahen und umgekehrt, nur um dann zu glauben, dass es so schlimm mit der Unansehnlichkeit der eigenen Stadt nun auch wieder nicht war. Würde in naher Zukunft nicht etwas geschehen, Hamburg würde zugrunde gehen.

»Wat wi bruken suend Attraktionens, Attraktionens, Attraktionens«, forderte Hamburgs erster Bürgermeister Harald Hamburg in seiner berühmten Rede und versammelte die Klügsten und Kreativsten der Stadt um sich. Angestrengt überlegte man. Schließlich engagierte man für viel Geld eine Frau mit Bart, die sich diesen am Jungfernstieg bürstete. Doch der erwünschte Besucherstrom blieb – erstaunlicherweise – aus. Man kaufte einen Bären, den man rasierte, männerfarben anmalte und als den dicksten Mann der Welt ausgab. Man erfand Hans Hummel – ein starker Mann, der die Touristen in zwei Eimern herumtrug –, Zitronenjette oder aber Aale-Dieter, doch das Interesse blieb weiterhin gering. Immer verzweifelter wurden die Hamburger, und die ersten begannen bereits das sinkende Schiff zu verlassen, um sich Richtung Berlin aufzumachen. Kurzum: Die Lage schien aussichtslos.

Doch dann kam der 8. Januar 1855. Es war gegen Mittag, als man die erste Möwe vom Himmel fallen sah. Anfangs dachte man an Altersschwäche. Doch weitere Möwen folgten der ersten, und die Pessimisten begannen bereits zu glauben, dass nun selbst die Vögel nur noch nach Hamburg kamen, um hier zu sterben.

Einen guten Eindruck von der Szenerie jenes Tages erhält man durch das kongeniale Gedicht »Kladderadatsch« des Hamburger Mundartdichters Preger Böhmsen, in dem er präzise das Geschehen einfängt: möwchen macht klatsch / noch n möwchen, noch mal klatsch / klatsch, klatsch, / klatsch, klatsch, / da liegt's möwchen, / weiß und matsch, / kladderadatsch / kladderadatsch.

Die Möwen hörten nicht auf zu fallen. Die ganze Nacht hindurch fielen sie, so dicht, dass man die Hand vor Augen nicht sah. Überall lagen am nächsten Morgen Möwen und bedeckten die Unansehnlichkeit Hamburgs unter sich. An manchen Stellen waren sie so dicht gefallen, dass sich ein dichter Möwenteppich über die Stadt gelegt hatte, der beim Darüberschreiten festlich knirschte.

Fast eine Woche lang fielen die Möwen vom Himmel. Die Hamburger arrangierten sich damit. Zumal nun mit einem Mal Besucher von überall her kamen, um Hamburg – nun ja, eher die Möwen – anzusehen. Aber Tourist war Tourist. Die Kinder machten Möwenschlachten. Möwenmänner wurden gebaut. Man schmiss sich in den Möwenteppich und bewegte Arme und Beine hin und her, so dass sogenannte Möwenengel entstanden. Baute Möglus.

Was anfangs wie ein Fluch gewirkt hatte, stellte sich als Segen heraus. Die Möwe, so schien es, hatte Hamburg vor dem Desinteresse der Welt gerettet. Die Touristen strömten. Im ursprünglichen Stadtwappen schwebten deshalb zwei Möwen über der Burg, die heute jedoch zu Sternen stilisiert wurden.

Jeder von uns, der schon einmal über einen längeren Zeitraum eine tote Möwe beobachtet hat, weiß, dass tote Möwen mit der Zeit immer weniger werden und schließlich ganz verschwinden. Der Hamburger Möwenteppich bekam erste Risse, wurde an vielen Stellen löchrig. Da neue Möwen nicht vom Himmel fielen, setze bald schon wieder Panik ein.

Harald Hamburg befahl der Polizei im großen Stile auf den Himmel zu schießen, in der Hoffnung ein neuer Möwenguss ergieße sich über die Stadt. Oder wenigstens Tauben. Doch ohne Erfolg. Schließlich ließ Hamburg losschicken, um anderenorts Möwen zu holen. Später wich man auf andere weiße Tiere aus. Färbte sogar Waldtiere weiß. Doch es war klar, dass es so nicht ewig weitergehen konnte.

Mit zunehmender Tierknappheit begann man herumzuexperimentieren. Eine Zeit lang bedeckten kleinwüchsige, weiß gekleidete Hanseaten Jungfernstieg und Landungsbrücken. Man kaufte günstig Zebrafelle und rasierte die weißen Stellen ab, verknotete anschließend die einzelnen Härchen zu kleinen Flocken, die man dann in den Himmel schoss, von wo aus sie gemächlich zu Boden rieselten. Oft streckte man sie noch mit dem Haar weißhaariger Menschen, da es auch damals schon mehr alte Menschen als Zebras gab. Zumindest in Hamburg. Diese neuen Flocken hatten den Vorteil, dass sie zum einen nicht verschwanden, außerdem fielen sie wesentlich eleganter als die plumpen Möwen. Der Nachteil war, dass die neuen Schneeflocken nicht liegen blieben und in der ganzen Stadt herumflogen. Hustengeräusche übertünchten bald schon den Straßenlärm, die ersten wurden mit Schneelungen in die Krankenhäuser eingeliefert.

Es war schließlich Hans-Peter Schnee, der jenen Schnee erfand, wie wir ihn auch heute noch kennen. Ein Materialmix aus PVC und Vaseline, den man erst in kleinen Manufakturen vor Ort herstellte, später dann günstig in Taiwan produzieren ließ.

Der Erfolg war phänomenal. Bald schon konnte Hamburg sich vor Besuchern kaum noch retten.

Schnee, das gab es nur hier, und Hamburger Schnee war bald schon so bekannt wie Eulen aus Athen oder Tulpen aus Amsterdam. Jeder wollte etwas davon haben. Andere Städte kauften hier bei uns Schnee, um ihrerseits ihrem Ort zu neuem Ansehen zu verhelfen. St. Moritz, St. Gallen – es sind nur ein paar der Orte, die an dem Tropf Hamburg hingen, ganz zu schweigen von Grönland oder der Antarktis.

Hamburg wurde zur Schneehochburg. Ganze Viertel, die sich einzig dem Schneetourismus verschrieben hatten, entstanden in Windeseile, Schneelsen etwa oder aber Schneefeld. Schneesportarten wurden erfunden, und eiligst schüttete man Berge im Stadtgebiet Hamburgs auf, unter anderem den Hamburger Berg, die Harburger Berge. Schanzenviertel wurden aus dem Boden gestampft. Die Schneebranche boomte. Der Schneemarkt entstand samt Schneeauktionshalle, wo man Hamburger Schnee kiloweise erstehen konnte. Jeder wollte Schnee haben. Die Leute schienen fast süchtig danach. Bald schon dominierten Damen in Schneeanzügen das Stadtbild Hamburgs, und erste Schneeanimateure wie etwa Schneeger Kalle erlangten auch über die Stadtgrenzen hinaus Ruhm und Ansehen. Auf der Schneeperbahn konnte man sich für etwas Geld von schneehäutigen Damen nackt mit Schnee abreiben lassen. Die bekannteste von ihnen ist sicher Fräulein Smilla, die auch noch heute jedes Kind kennt. In der Kneipe Skitze befand sich unten im Keller ein echte Langlaufloipe. Legendär auch der Eingang: Eine auf den Rücken gefallene Langläuferin zwischen deren Skiern hindurch man das Lokal betritt.

Hamburg wurde mit einem Mal zur vermögendsten Stadt der Welt. Die reichen Schneesäcke, nannte man uns verächtlich. Die alten unansehnlichen Bauten wurden abgerissen und durch neue ersetzt. Sogar künstliche Seen und Flüsse wie Alster und Elbe wurden angelegt. Für viel Geld ließ man Frachtschiffe darauf hin- und herfahren, damit sie den Touristen regen Schiffsverkehr vorgaukelten. Dazu erschuf man Legenden vom Tor zur Welt und ähnlichen Humbug. Man baute unendliche viele Brücken und Kirchen, eine höher als die andere, errichtete Denkmäler, legte eine Vielzahl großzügiger Parkanlagen an und peu à peu wurde Hamburg so zu dem, was es auch heute noch ist: die schönste Stadt der Welt.

Immer mehr kamen. Nun nicht nur allein wegen des Schnees, sondern auch wegen Hamburg, der Elbe, den Kirchen und dem anderen Tüdelüt. Die meisten blieben. Bald schon fehlte es allerorten an Platz. Schon damals lebte man, wie heute noch, oft mit sechzehn, siebzehn anderen, meist völlig Fremden in engen Appartements für teures Geld. Trotzdem riss der Strom der Zuziehenden nicht ab.

Wir alle wissen: Der Hamburger ist im Herzen ein grundgütiger Mensch, doch für Trubel und Halligalli ist er nicht wirklich gemacht. Immer häufiger sah man nun Hamburger, die mundfaul herumstanden und mit

Muffeligkeit, das schöne Stadtbild zu verschandeln versuchten, um so zumindest ein paar davon abzuhalten, hierherzuziehen. Die Stadt drohte aus allen Nähten zu platzen. Schließlich hatte man keine andere Wahl mehr – man verkaufte den ganzen Schnee nach Österreich, und als dann weiterhin noch Menschen hier nach Hamburg zogen, ja, da erfand man den Regen. Doch geholfen hat auch das nicht wirklich. Na ja.

Marcel Beyer

Schnee

Meinst du am Ende die Möwen, die Stiefel nachts
auf der Mole, nachts in den Schnee? Triest oder
Turku, Turku, Triest – wo sind die Flocken, wo
die Figuren, unsere Sohlen, was treten sie fest?

Meinst du den Lichtschein am Rand, die Tiefe,
meinst du den Blick, die offene See? Kein
Schnee, Schnee, Kot, Kaugummi, Eis, und
Kein Schnee – Schneefalls ist alles, was ich noch
Weiß, blau sind die Hände, blau ist der Rest.

Sven Amtsberg, geboren 1972, lebt in Hamburg. Er ist Autor sowie Veranstalter und Moderator diverser Entertainment-Formate. Er betreibt das Autorendock, eine private Autorenschule, an der Dozenten wie Juli Zeh, Tilman Rammstedt oder Kristof Magnusson Seminare geben. Für das *Hamburger Abendblatt* schrieb er lange die wöchentliche Kolumne Amtsbergs Ansichten. Sven Amtsberg hat einige Preise gewonnen und diverse Bücher veröffentlicht. 2014 erschien sein Kurzgeschichten-Band *Paranormale Phänomene*.

Hamburger Weißheiten erschien zuerst in: DIE ZEIT Nummer 1, 30. Dezember 2014, S. 6; Abdruck mit freundlicher Genehmigung des Autors, © Sven Amtsberg

Maria Antas, 1964 geboren, lebt als Literaturagentin und Autorin in Berlin und Helsinki. Die Literaturwissenschaftlerin und Journalistin war lange Projektleiterin bei FILI (Finnish Literature Exchange) und u. a. für das Literaturprogramm beim finnischen Ehrengastauftritt auf der Frankfurter Buchmesse 2014 verantwortlich. 2015 erschien bei Insel ihr Buch *Wisch und Weg*, das sich auf unkonventionelle Weise mit dem Thema Putzen auseinandersetzt.

Wandern ohne Spuren; Originaltitel: *Vandring utan spår.* Aus dem Finnlandschwedischen von Ursel Allenstein; Deutsche Erstveröffentlichung; Abdruck mit freundlicher Genehmigung der Autorin, © Maria Antas

Marcel Beyer, geboren 1965 in Tailfingen / Württemberg, lebt heute in Dresden. Er hat zahlreiche Romane, Erzählungen und Gedichte veröffentlicht, bekannt wurde er durch seinen 1995 erschienenen Roman *Flughunde*. 2008 erschien sein Roman *Kaltenburg* und zuletzt der Gedichtband *Graphit*. Marcel Beyer wurde vielfach ausgezeichnet, 2015 mit dem Kleist-, dem Oskar Pastior- und mit dem Bremer Literaturpreis.

Schnee, aus: Marcel Beyer, *Erdkunde. Gedichte*, S. 113; Abdruck mit freundlicher Genehmigung, © DuMont Buchverlag 2002

Anne von Canal, geboren 1973, war nach dem Studium der Skandinavistik und Germanistik zehn Jahre lang als Lektorin im Verlagswesen und als Übersetzerin tätig, bevor sie sich selbst dem Schreiben widmete. 2014 erschien ihr Roman *Der Grund*. Sie lebt auf einem Weingut an der Mosel und zeitweise in Hamburg.

Schneeengel; Originalveröffentlichung; Abdruck mit freundlicher Genehmigung der Autorin, © Anne von Canal.

Lars Saabye Christensen wurde 1953 in Oslo geboren. Seine Bücher sind vielfach preisgekrönt und wurden in mehr als dreißig Sprachen übersetzt. Mit seinem Roman *Der Halbbruder*, für den er den Preis des Nordischen Rats erhielt, feierte er in ganz Europa und den USA Triumphe. Zuletzt erschien auf Deutsch sein Roman *Die Beisetzung*.

Harte Weihnacht; Originaltitel: *Hard Jul*. Aus dem Norwegischen von Christel Hildebrandt; Deutsche Erstveröffentlichung; Abdruck mit freundlicher Genehmigung, © Cappelen Damm AS, Oslo

Ulrike Draesner, geboren 1962 in München, lebt als Romanautorin, Lyrikerin und Essayistin in Berlin. Ihr erster Gedichtband *gedächtnisschleifen* erschien 1995. Weitere Gedichtbände, Erzählungen und Romane folgten, zuletzt 2015 *Mein Hiddensee*. Außerdem übersetzt sie aus dem Englischen und Französischen, verfolgt intermediale Projekte, übernimmt Gast- und Poetikdozenturen in Deutschland, der Schweiz, England und den USA. Sie ist Mitglied des P.E.N Deutschland und der Nordrhein-westfälischen Akademie der Wissenschaften und der Künste. Ulrike Draesner erhielt für ihr Werk zahlreiche Auszeichnungen, zuletzt den Literaturpreis Solothurn 2010, den Roswithapreis 2013, den Joachim-Ringelnatz-Preis für Lyrik 2014 und den Usedomer Literaturpreis 2015. www.draesner.de; www.der-siebte-sprung.de.

Heimatschnee; Originalveröffentlichung; Abdruck mit freundlicher Genehmigung der Autorin, © Ulrike Draesner.

Durs Grünbein wurde am 9. Oktober 1962 in Dresden geboren. Seit 1986 lebt er als Dichter, Übersetzer und Essayist in Berlin. Sein vielfach ausgezeichnetes Werk wurde in mehrere Sprachen übersetzt.

Der Schnee von heute, aus: Durs Grünbein, *Vom Schnee oder Descartes in Deutschland*, S. 13 ff; Abdruck mit freundlicher Genehmigung, © Suhrkamp Verlag, Frankfurt am Main 2003

Linn Hansén wurde 1983 geboren, arbeitet als Redakteurin für die schwedische Kulturzeitschrift *Glänta* und im Netzwerk *Ingen människa är illegal* (dt.: *Kein Mensch ist illegal*). 2008 debütierte sie als Lyrikerin mit *Ta i trä*. Zuletzt erschien ihr Gedichtband *Gå till historien*.

Wenn man sich in den Schnee legt; Originaltitel: *När man lägger sig i snön*. Aus dem Schwedischen von Paul Berf; Auf Deutsch zuerst erschienen auf www.lyrikline.org; Abdruck mit freundlicher Genehmigung der Autorin, © Linn Hansén.

Levi Henriksen wurde 1964 in Kongsvinger / Norwegen geboren. Er ist Musiker, Journalist und Autor und hat bereits zahlreiche Romane und Erzählungen für junge und erwachsene Leser veröffentlicht. Zuletzt erschien vom ihm auf Deutsch *Die Geschichte meiner Familie in Äxten und Sägen*. Eine seiner Erzählungen wurde vom norwegischen Kult-Regisseur Bent Hamer unter dem Titel *Home for Christmas* verfilmt.

Immer war sie es, die zum Fluss wollte; Originaltitel: *Det var alltid hun som søkte seg til elva*. Aus dem Norwegischen von Gabriele Haefs; Deutsche Erstveröffentlichung; Abdruck mit freundlicher Genehmigung des Autors, © Levi Henriksen.

René Jean Jensen, 1971 geboren, Übersetzer, Dichter, Kritiker und Lektor, debütierte im Jahr 2001 als Lyriker und übersetzte unter anderem Robert Walser, Thomas Bernhard, Ron Winkler, Daniela Seel und Werner Herzog ins Dänische. Für seinen aktuellen Lyrikband *Jeg har planlagt at dagdrømme* erhielt er den Michael Strunge Preis.

Eine Ahnung weniger; Originaltitel: *Én anelse mindre*. Aus dem Dänischen von Ursel Allenstein; Deutsche Erstveröffentlichung; Abdruck mit freundlicher Genehmigung des Autors, © René Jean Jensen.

Erich Kästner, 1899 in Dresden geboren, begründete 1928 gleich mit seinen ersten Büchern seinen Weltruhm: *Emil und die Detektive* und *Herz auf Taille*. Nach der Machtübernahme der Nationalsozialisten wurden seine Bücher verbrannt, er erhielt Publikumsverbot, seine Bücher erschienen nunmehr in der Schweiz beim Atrium Verlag. Für seine Werke erhielt er zahlreiche Auszeichnungen, u. a. den Georg-Büchner-Preis. Erich Kästner liebte den Schnee und ganz besonders Schnee und Sonnenschein im Hochgebirge. Er starb 1974 in München. *Nennt sich das Winter?* Aus: Erich

Kästner, *Die Montagsgedichte*, Atrium Verlag, Zürich 2012, S. 194f; Abdruck mit freundlicher Genehmigung, © Thomas Kästner

Uwe Kolbe, geb. 1957 in Berlin-Mitte, lebt als Schriftsteller in Hamburg. Zuletzt erschienen der Essay *Mein Usedom* sowie 2014 der Roman *Die Lüge* und 2015 der Gedichtband *Gegenreden*.

Landschaft im Schnee; Originalveröffentlichung; Abdruck mit freundlicher Genehmigung des Autors, © Uwe Kolbe.

Kim Leine wurde 1961 als Kind dänischer Eltern in Norwegen geboren und hat in seinem früheren Beruf als Krankenpfleger viele Jahre in Grönland gelebt und gearbeitet. Zuletzt erschien auf Deutsch sein Roman *Ewigkeitsfjord*, der vielfach ausgezeichnet wurde, unter anderem mit dem Preis des Nordischen Rats, und in zahlreiche Sprachen übersetzt wurde.

Die Grönländer haben zwei Wörter für Schnee; Originaltitel: *Grønlænderne har to ord for sne*. Aus dem Dänischen von Ursel Allenstein; Deutsche Erstveröffentlichung; Abdruck mit freundlicher Genehmigung des Autors; © Kim Leine.

Sven Lindbäck ist Gastautor in dem Buch *Schneeschippen! Alles über Werkzeuge, Geschichte und die Seele des Schneeräumens* von Bjørn Skomakerstuen und John Smits; Originaltitel: *Måketips, aus: Måk snø! Alt om snømåkingens redskaper, historie og sjel.* Er lebt als freier Schriftsteller und Pädagoge in Oslo, stammt aber aus Raufoss, eine der schneereichsten Gegenden Norwegens. Zu welchem Schneeschipptyp er gehört, konnten wir leider nicht herausfinden.

Schneeschipptypen; Originaltitel: *Måketyper*, aus: Bjørn Skomakerstuen und John Smits, *Måk snø! Alt om snømåkingens redskaper, historie og sjel.* Aus dem Norwegischen von Frank Zuber; Deutsche Erstveröffentlichung; Abdruck mit freundlicher Genehmigung, © Juritzen Forlag AS, Oslo

Ellen Mattson wurde 1962 in Uddevalla geboren und ist auch als Kolumnistin und Kritikerin tätig. Ihr literarisches Werk wurde vielfach ausgezeichnet. Zuletzt erschien ihr siebter Roman *Das Freudenufer* in deutscher Übersetzung.

In der Schneestadt; Originaltitel: *I snöstaden.* Aus dem Schwedischen von Paul Berf; Deutsche Erstveröffentlichung; Abdruck mit freundlicher Genehmigung der Autorin, © Ellen Mattson.

Stefan Moster, geboren 1964 in Mainz, lebt als Autor und Übersetzer in Espoo (Finnland). Er übersetzt seit 1993 finnischer Literatur aller Gattungen und ist dafür u. a. mit dem Finnischen Staatspreis für Übersetzer ausgezeichnet worden. Seine bislang drei Romane sind im Mare Verlag erschienen, zuletzt *Die Frau des Botschafters* (2013).

Gelbes Holzhaus bei Schneefall; Originalveröffentlichung; Abdruck mit freundlicher Genehmigung des Autors, © Stefan Moster.

Lutz Seiler wurde 1963 in Gera / Thüringen geboren, heute lebt er in Wilhelmshorst bei Berlin und in Stockholm. Nach einer Lehre als Baufacharbeiter arbeitete er als Zimmermann und Maurer. 1990 schloss er ein Studium der Germanistik ab, seit 1997 leitet er das Literaturprogramm im Peter-Huchel-Haus. Für sein Werk wurde er mehrfach ausgezeichnet, für seinen zuletzt erschienen Roman *Kruso* (2014) mit dem Deutschen Buchpreis.

fin de siècle, aus: Lutz Seiler: *pech & blende*. Gedichte, S. 15; Abdruck mit freundlicher Genehmigung, © Suhrkamp Verlag Frankfurt am Main 2000

Sjón wurde 1962 in Reykjavík geboren und debütierte mit 16 Jahren als Lyriker. Es folgten Romane, Songtexte und Drehbücher. Seine Texte für Lars von Triers *Dancer in the Dark* wurden für den Oscar nominiert. Für *Schattenfuchs* erhielt er 2005 den Literaturpreis des Nordischen Rates. 2015 erschien sein Roman *Der Junge, den es nicht gab* auf Deutsch.

das buch vom schnee; Originaltitel: *bókin um snjóinn*. Aus dem Isländischen von Betty Wahl; Deutsche Erstveröffentlichung; Abdruck mit freundlicher Genehmigung des Autors, © Sjón.

Bjørn Skomakerstuen hat als U-Bahn- und Taxifahrer, als Lektor und Journalist gearbeitet und ist ehrenamtlich auf dem ökologischen Kinderbauernhof Kampen in Oslo tätig. Er hat eine WM-Bronzemedaille in Yukigassen, der japanischen Sportart des »Schneekampfes«, einer hochentwickelten Form der Schneeballschlacht.

Schneeschipptipps 1 bis 8; Originaltitel: *Måketips*, aus: *Måk snø! Alt om snømåkingens redskaper, historie og sjel* (dt: *Schneeschippen! Alles über Werkzeuge, Geschichte und die Seele des Schneeräumens)* von Bjørn Skomakerstuen und John Smits. Aus dem Norwegischen von Frank Zuber; Deutsche Erstveröffentlichung; Abdruck mit freundlicher Genehmigung, © Juritzen Forlag AS, Oslo

John Smits ist staatlicher Meteorologe und Wetteransager beim NRK. Er hat sich auf Schnee spezialisiert und ist ein leidenschaftlicher Schneeschipper.

Schneeschipptipps 1 bis 8; Originaltitel: *Måketips*, aus: *Måk snø! Alt om snømåkingens redskaper, historie og sjel* (dt: *Schneeschippen! Alles über Werkzeuge, Geschichte und die Seele des Schneeräumens)* von Bjørn Skomakerstuen und John Smits. Aus dem Norwegischen von Frank Zuber; Deutsche Erstveröffentlichung; Abdruck mit freundlicher Genehmigung, © Juritzen Forlag AS, Oslo

Antje Rávic Strubel, 1974 geboren, lebt in Potsdam. Zu ihren Veröffentlichungen zählen u. a. die Romane *Unter Schnee*, *Fremd Gehen. Ein Nachtstück*, *Tupolew 134* sowie *Kältere Schichten der Luft*. Zuletzt erschienen *Sturz der Tage in die Nacht* und *Gebrauchsanweisung für Potsdam und Brandenburg*. Ihr Werk wurde mit zahlreichen Preisen geehrt. Außerdem übersetzte sie Joan Didion aus dem Englischen und lehrt zuweilen am Deutschen Literaturinstitut Leipzig. Die Erzählung *Ohne zu Bedauern erschien* zuerst in dem aus dreizehn Erzählungen bestehenden Roman *Unter Schnee* und wurde von der Autorin für den vorliegenden Band überarbeitet.

Ohne zu Bedauern; von der Autorin überarbeitete Fassung, zuerst erschienen in dem aus dreizehn Erzählungen bestehenden Roman *Unter Schnee*; Abdruck mit freundlicher Genehmigung der Autorin, © Antje Rávic Strubel.

Tomas Gösta Tranströmer wurde 1931 in Stockholm geboren, wo er 2015 auch starb. Sein zwölf Gedichtbände umfassendes Gesamtwerk wurde in mehr als fünfzig Sprachen übersetzt. 2011 erhielt er den Nobelpreis für Literatur.

Schneeschmelze, aus: Tomas Tranströmer, *In meinem Schatten werde ich getragen. Gesammelte Gedichte*, S. 64; Aus dem Schwedischen von Hanns Grössel; Abdruck mit freundlicher Genehmigung, © Carl Hanser Verlag GmbH & Co. KG, München und Wien 1997-2005

Robert Walser wurde am 15. April 1878 in Biel geboren. Er starb am 25. Dezember 1956 auf einem Spaziergang im Schnee. Nach Erscheinen seines ersten Buches *Fritz*

Kochers Aufsätze zog er 1905 nach Berlin. In rascher Folge publizierte Walser nun seine drei Romane *Geschwister Tanner* (1907), *Der Gehülfe* (1908) und *Jakob von Gunten* (1909). Infolge einer psychischen Krise geriet Walser Anfang 1929 gegen seinen Willen in die Psychiatrie, die er nie mehr verlassen konnte.

Die Herausgeberinnen danken allen Autorinnen und Autoren, Übersetzerinnen und Übersetzern sowie den lizenzgebenden Verlagen.

MIX
Papier aus verantwortungsvollen Quellen
FSC® C083411

ISBN 978-3-7160-2741-7

Originalausgabe

Umschlagkonzept und -gestaltung: Sabine Wilms, Berlin
Innengestaltung: Frauke Weise, Hamburg
Gesetzt aus der DTL Dorian
Druck und Bindung: CPI – Clausen und Bosse, Leck
Printed in Germany

www.arche-verlag.com
www.facebook.com/ArcheVerlag